두려움 너머 설렘의 꽃이 피다

두려움 너머
설렘의 꽃이 피다

김학수 지음

매일경제신문사

심장 뛰는 설렘으로 내일을 맞이하고 싶은 사람에게

"더 힘들어질까 봐 두려워하는 마음도 사실 더 힘들어지면 또 사라진다."

김연수의 《지지 않는다는 말》[1]에 나오는 말이다. 색다른 시도나 도전을 감행하기 전에 언제나 두려움이 앞을 가로막는 심리적 장애물로 작용한다. 한계나 미지의 세계로 떠나는 낯선 출발은 언제나 두려움으로 떨리는 몸과 마음을 끌어안고 시작한다. 하지만 두렵다고 생각하는 대상이나 현상도 막상 도전을 감행하는 순간, 눈 녹듯이 사라지는 경우가 많다. 두렵다고 망설였던 순간과 두려움에도 불구하고 도전했던 순간 사이에 존재하는 거리는 두려움에도 불구하고 도전을 감행할수록 좁아진다. 두려움에 도전할수록 이전보다 도전 자체가 내 삶을 한 단계 더 도약시키는 소중한 발걸음임을 몸으로 느낄 때, 사람은 심장이 뛰기 시작한다. 도전해서 원하는 결과나 성취를 얻지 못했어도 도전하는 마음이나 과정에서 많은 걸 보고 느끼고 배울 수 있기 때문이다.

---

1 《지지 않는다는 말》, 마음의 숲, 김연수(2018).

두려움에 정면으로 도전하는 사람일수록 좌절과 절망을 밥 먹듯이 맞닥뜨리며, 그러한 경험을 통해 시련과 역경을 이겨내는 자기만의 노하우를 축적한다. 두려움에 정면으로 도전하는 삶은 반드시 고통을 동반한다. 고통은 모든 생명체가 성장과 발전을 넘어 성숙으로 이어지는 과정에서 겪게 되는 통과의례다. 고통을 겪어내지 않고서는 사람은 다음 단계로 이어지는 발판을 마련할 수 없다. 고통 없이 고공 행진을 이어가는 사람은 인생의 어느 시점에서 반드시 지금까지 경험하지 않았던 고통을 한꺼번에 다 경험하게 된다. 이것이 바로 '고통 총량 불변의 법칙'이다. 한 인간이 평생 경험하는 고통의 총량은 정해져 있다. 내 삶에 고통이 다가오는 이유는 이전과 다른 삶을 살아가라는 의미다. 고통의 터널을 빠져나가지 않으면 온전한 인간으로 거듭날 수 없다. 고통은 참을 수 없는 통증이라기보다 견뎌낼 수 있는 성장통이다. 어제와 다른 나로 거듭나면서 속 깊은 내공과 지성을 연마하기 위해서는 고통의 바다를 유영하지 않으면 안 된다.

설렘 전도사, 김학수 작가의 책을 읽으면서 '한 사람이 겪어온 삶의 반경과 깊이가 이렇게나 파란만장할 수 있을까' 생각해보았다. 숱한 시련과 역경을 경험하면서 심한 몸살도 앓고 때로는 건강을 심각하게 위협받기도 했지만, 그때마다 체험적으로 터득한 안목과 책을 통해 깨달은 혜안을 기반으로 난국을 타개하고 위기를 극복하는 지혜를 체화시켜왔다.

평범한 일상에서 경험한 범상한 이야기지만, 그냥 읽고 지나갈 수 없게 만드는 힘은 산전수전 겪으면서 몸으로 쓴 글이기 때문이다. 살갗을 파고드는 깊은 울림의 글은 머리가 만들어낸 관념의 산물이 아니다. 오로지 자기신념을 실천하면서 현장에서 온몸으로 건져 올린 깨달음의 향연이기 때문에 심장을 뛰게 만들고 깊은 상념에 잠기게 한다.

"상처는 빛이 당신에게 진입하는 통로다." 13세기 페르시아 수피 시인, 잘랄 앗딘 무함마드 루미(Jalāl ud-dīn Muhammad Rūmī)의 말이다. 상처 없이 새로운 상상력은 잉태되지 않는다. 사람을 상대로 다양한 영업활동을 전개해오면서 김학수 작가는 사람에게 받은 상처도 많았지만, 상처를 그대로 방치해두지 않았다. 상처를 준 사람을 탓하기보다 오히려 자신이 받은 상처 속에서 자기성찰을 하며 지금보다 나은 삶을 살기 위한 밑거름으로 수용하는 관용을 배워왔다. 사람과의 만남이 상처를 주기도 하지만, 사람은 다른 사람과의 만남을 통해서만 운명도 바꿀 수 있는 혁명을 꿈꾼다. 한 사람에게 누군가는 이전과 전혀 다른 세상을 열어주는 창문과도 같은 역할을 한다. 한 번도 바라보지 못한 창문을 통해 바깥세상을 만날 수 있는 가능성을 발견하듯, 김학수 작가는 수많은 사람을 만나 소중한 깨달음을 얻는 가운데 자기성장과 자기변신을 거듭해왔다.

인류 문명의 역사가 나와 다른 세계와의 낯선 마주침의 역사이듯, 한 사람의 역사도 나와 다른 세계에서 살아가는 낯선 사람과의 부단한 접촉으로 형성되는 사회적 관계의 산물이다. 때로는 두려움이 앞서기도 하고 손해가 됨에도 불구하고 우리는 나와 다른 사람을 만나면서 위대한 혁명을 꿈꿔왔다. 삶의 위기는 보통 설렘이 사라지는 순간부터 찾아오기 시작한다. 내일이 기대되지 않는 삶, 내일을 생각하면 다리가 떨리는 삶이 반복된다면, 한 사람의 삶에서 설렘이 실종되었다는 방증이다. 그만큼 설렘은 우리가 살아가는 희망의 등대이자 미지의 세계로 도전하게 만드는 가능성의 울림이다.

왜 살아야 하는지, 내가 진정으로 꿈꾸는 삶이 무엇인지를 온몸으로 겪어보고 싶은 사람에게 이 책은 인생독본처럼 곁에 두고 언제나 참고해야 할 필독서가 아닐 수 없다. 새로운 삶을 맞이하고 싶어도 타성에 젖어 습관적으로 살아가는 사람에게 이 책은 심장을 다시 뛰게 만드는 결단의 칼을 품게 만들 것으로 믿어 의심치 않는다. 진솔한 스토리 속에 생의 시기별 저자의 숨은 의도와 의미를 반추하며 읽는 모든 독자에게 이 책은 어둠의 터널 속에서도 한 줄기 빛을 보게 만드는 한 줌의 용기를 선물해 줄 것이다.

지식생태학자 유영만
한양대 교수, 《폼 잡지 말고 플랫폼 잡아라》 저자

두려움을 설렘으로 바꿀 수 있다면

영화 〈명량〉을 보면 "두려움을 용기로 바꿀 수 있다면, 그 용기는 백배, 천배, 큰 용기로 배가 되어 나타날 것이다"라는 최민식(이순신 역) 대사가 나온다. 전투에서 용기 내어 목숨 걸고 싸워도 이긴다는 보장이 없는데 부하들이 왜군을 두려움의 대상으로 생각하며 전투에서 가장 중요한 사기가 저하된 것을 보고 혼자 고민하며 내뱉는 대사다.

시대가 바뀌어 이만큼 긴장되는 순간이 아니더라도 우리는 살면서 많은 두려움과 마주한다. 고등학생은 대학에 떨어질까 봐 두렵고, 대학생은 취업이 안 될까 봐 두렵고, 청년은 연애와 결혼이 두렵고, 중장년은 회사에서 잘릴까 봐, 그리고 준비되지 않은 노후가 두렵고, 노년은 고독사가 두렵다. 또 우리는 가난, 질병, 이별, 노화, 죽음 그리고 비자유와 실패가 두렵다. 이렇게 보면 두려움은 우리가 살아가는 동안 모든 순간과 함께하는 적이자 친구이기도 하다. 두려움이 없는 사람이나 삶은 없다. 두려움이 없는 삶이란, 곧 적극적으로 뭔가를 추구하거나 도전하지 않았다는 방증이다. 두려움이 있는 곳에 언제나 설렘도 같이 동반된다. 두려운 삶과 설레는 삶은 따로 떨어진 게 아니라 곧 하나의 삶이라는 이야기다.

지금까지 인생을 돌이켜보면 내 삶은 두려움의 연속이었다. 10대 후반부터 주유소와 막노동, 그리고 호프집 서빙 아르바이트를 시작으로 어린이 도서 판매, 핸드폰 판매, 다단계 판매(네트워크마케팅), 복조리 판매, 플라워 상품권 판매, 카드 영업, 상조 영업, 보험 영업, 투자 영업 등을 해오면서 낯선 곳을 찾아가고, 낯선 사람들을 만나는 것부터 사실 나에게는 두려움이었다. 또한, 영업활동 중에 겪은 수많은 멸시와 거절은 내 마음에 적지 않은 상처를 남겼다. 그 과정 중에 죽을 고비도 몇 번 넘겼다. 타이어에 문제가 생겨 타이어를 갈았는데 직원의 실수로 타이어 나사를 제대로 잠그지 않아 고속도로에서 바퀴 한 짝이 빠져 위험하게 차가 멈춰서기도 했고, 눈 내리는 고속도로에서 차가 미끄러져서 사정없이 돌다가 난간을 들이받고 간신히 멈춰서기도 했다. 보험 영업을 하던 중에는 극심한 스트레스로 폐결핵이 심하게 걸려서 피까지 토하며 병원에 입원하는 등 죽음에 대한 두려움을 느꼈다. 그리고 여러 사람 앞에서 브리핑하는 영업이나 강의는 '실수할까 봐, 잘못할까 봐' 하는 또 다른 차원의 두려움이었다.

창피한 이야기지만 어린 시절의 나는 두려움이 많고 너무도 소심한 나머지 초등학교 1학년 수업 도중 바지에 오줌을 싼 적이 있다. 선생님께 화장실 가고 싶다고 말을 못 해서였다. 선생님께서 나보고 책을 읽어보라고 하면 나는 서서 떨리는 목소리로 진땀을 흘려가며 겨우 읽어내기에 바빴고, 다 읽고 나서 자리에 앉은 다음에는 오히려 더 크게 심장이 요동쳤다.

궁금한 게 생겨도 손을 들어 선생님께 질문한다는 것 또한 나에게는 두려움이었다. 나는 이런 내 성격이 싫었다. 그러면서 언제부턴가 이런 나의 성격을 고쳐보고 싶다는 생각이 들기 시작했다. 성격 좋고, 활발한 친구들은 내 부러움의 대상이었고 나도 그렇게 되고 싶었다. 과거로 돌아가고 싶지 않지만, 내 삶은 한순간도 두려움 없이 살아온 적이 없다. 두려움을 유난히 두려워하는 아이로 자라면서 성인에 이르기까지 꽤 오랫동안 두려운 삶이 마치 내 삶의 전부인 것처럼 느껴지기도 했다.

그런데 놀랍게도 두려운 삶이 어느 순간부터 설레는 삶으로 바뀌기 시작했다. 내 삶에 어떤 중대한 변화가 일어났기에 두려움이 설렘으로 변하기 시작한 걸까? 두려움이 설렘으로 바뀐 내 삶의 이면에는 어떤 중대한 변화가 일어난 것인지 나 역시 궁금하다. 두려움이 설렘으로 바뀐 데는 어떤 놀라운 사연과 배경이 있는 걸까? 내가 만약 두려움을 설렘으로 바꾸는 경이로운 비결을 찾아낼 수 있다면, 내 삶은 물론이고 두려운 삶을 살아가는 많은 사람에게 조금이라도 도움이 되지 않을까 하는 생각이 내 심장을 더욱 뛰게 만들었다.

두려움이 설렘으로 바뀌는 전환점에 바로 내가 책을 쓰기로 결심한 계기가 있었다. 내가 겪은 두려운 체험을 조용히 반추해보고 좀 더 폭넓은 시각에서 성찰해본다면 두려움은 내 삶의 적이 아니라 함께 살아가는 친구가 될 것이라 믿었다. 내가 겪은 두려움과 내 삶을 돌이켜보며 하나의 책으로 정리하는 과정에서 소중한 교훈과 참다운 배움이 일어나고 있음을 느끼고 있다.

만약 살면서 스스로 두려움을 설렘으로 바꿀 수 있다면, 삶에 어떤 변화가 생길까? 또 만약 내가 누군가의 두려움을 설렘으로 바꿔줄 수 있다면 얼마나 기쁘고 설렐까? 지금, 이 순간 무엇인가를 판단하고 결정하는 데 과감하게 도전하지 못하는 사람들에게 이 책이 한 줄기 희망의 서광을 비출 수 있다면, 저자로서 최고의 보람과 가치를 느낄 것이다. 두려운 세상은 없다. 다만 두렵다고 생각하기 때문에 두려운 것이다. '자유'로운 삶을 꿈꾸며 끝없는 '도전'과 식지 않는 '열정'으로 자신과 타인에게 '설렘'과 '행복'을 주는 설렘 전도사 김학수가 세상에서 가장 설레는 '설렘 설법'에 독자 여러분의 뜨거운 관심과 애정을 기대한다. 두려움에 떨며 반평생을 살아온 사람이 두려움을 겪으며 깨달은 인생 교훈을 나누는 설렘 여행에 독자 여러분을 초대한다. 책을 읽는 독자 여러분도 두려움에서 벗어나 설렘으로 가득 찬 행복한 삶을 살기를 기원한다.

새봄의 희망을 기대하며
설렘 전도사 김학수

목차

3부 : 모든 삶은 두려움과 설렘의 이중주다

4부 : 두려움을 설렘으로 바꾸는 비밀 처방전

●

1부

두려움의 정체와 본질,
그것이 알고 싶다!

우리가 살면서 겪는 많은 감정 중 하나가 두려움이다. 두려움은 어떤 대상을 무서워해서 마음이 불안한 상태를 말한다. 두려움 없는 사람은 없고, 어떤 이는 두려움 없는 사람을 사이코패스라고 말하기도 한다. 그만큼 두려움은 인간의 삶에 늘 함께 존재해왔고 앞으로도 존재할 감정이다. 보편적으로 우리는 '두려움' 하면 부정적 감정을 먼저 떠올리는데, 두려움에는 긍정적인 측면도 있다. 인간이 두려움을 전혀 못 느낀다면 목숨을 위협받는 큰 위험을 초래할 수 있다. 두려움이 그것을 감지해서 막아준다. 너무 터무니없는 무모한 도전을 막아줌으로써 생명을 연장할 수 있게 한다.

이처럼 두려움은 양면의 거울이다. 한쪽은 부정적인 측면에서 인간의 과감한 도전을 방해하는 걸림돌로 작용한다. 또 다른 한쪽에서는 무모한 도전을 예방함으로써 생명을 위협할 수 있는 사건이나 사고를 방지한다. 요즘 SNS에 인생 샷을 올리겠다고 위험한 곳에서 사진을 찍다가 죽는 사람이 많이 늘었다. 두려움을 너무 무시한 결과라 할 수 있겠다. 박상호 작가의 《살다 보면 마법 같은 날이 온다》[2]에 이런 말이 나온다. "두려움 너머에 내가 원하는 것이 있다." 왜 하필 두려움 너머에 내가 원하는 것이 있는 걸까? 두려움 너머 내가 원하는 것은 무엇인가? 각자 원하는 것을 찾기 위해 같이 한번 두려움을 넘어보자.

---

2 《살다 보면 마법 같은 날이 온다》, 마음세상, 박상호(2018).

우리는
무엇을 두려워하는가?

보편적으로 보면 사람은 사실 모든 것을 두려워한다. 한 사람이 자라오면서 어떤 경험을 언제 어디서 어떤 방식으로 했는지에 따라서 두려움을 느끼는 종류나 강도가 다르다. 예를 들면, 어려서부터 호숫가에서 수영을 즐기던 아이는 어른이 되어서도 바닷가에서 수영하는 경험을 별로 두려워하지 않을 것이다. 반면에 생전 개구리를 실제로 본 적 없는 사람에게 개구리를 직접 손으로 만져보라고 하면 두렵다고 생각할 것이다. 두려운 감정은 내가 지금까지 성장해오면서 어떠한 상황에 처했을 때 느꼈던 체험적 흔적이나 상상으로 생각한 결과다.

우리는 가난을 두려워한다

가난은 삶의 질을 떨어뜨릴 뿐만 아니라 최악의 경우, 목숨까지도 잃게 만든다. 대표적 사건이 송파 세 모녀 사건이다. 엄마와 두 딸이 생활고로 고생하다가 결국 목숨을 끊은 사건이다. 이들은 방안에서 마지막 집세와 공과금 70만 원, 그리고 죄송하다는 내용의 유서만 남긴 채 번개탄을 피워놓고 동반 자살을 했다. 가난이라는 단어가 던져주는 결핍과 고통의 느낌이 살아갈 미래를 어둡게 채색하면서 더욱 두려움을 느끼게 한다. 특히 극심한 가난으로 한때 힘든 시기를 보내봤던 사람은 가난이 주는 트라우마에서 한동안 벗어나기 어려웠을 것이다.

우리는 질병을 두려워한다

우리는 종종 건강검진을 받으러 간다. 결과를 기다리는 시간이 어떤 이들에게는 중요한 시험 결과 발표보다 더 떨린다. 몸 상태가 안 좋은 시기라면 더욱 그런 생각이 든다. 혹시 무슨 큰 병에라도 걸린 건 아닌지 두려운 마음이 든다. 다행히 아무런 이상이 없다는 소리를 듣고 나서야 안심이 된다. 의학은 질환(disease)에 관심을 갖지만 환자 개인이 겪는 질병(illness)에는 무관심하다. "질환은 체온, 혈압, 혈당 수치나 피부 상태를 생리학적으로 환원해서 제시하는 의학적인 용어라서 주로 객관적으로 측정할 수 있는 수치로 환산된다. 반면 질병은 질환을 앓아가면서 환자가 느끼는 공포와 절망, 희망과 낙담, 기쁨과 슬픔처럼 느끼는 주관적 감정이다. 똑같은 질환을 앓고 있어도 그것에 대해 환자가 느끼는 주관적 감정은 천차만별이다." 아서 프랭크의 《아픈 몸을 살다》[3]에 나오는 말이다. 아서 프랭크에 따르면, 사람은 질환을 두려워하는 게 아니라 질환이 주는 심리적 공포를 두려워하는 것이다.

우리는 이별을 두려워한다

우리는 만나고 헤어지고, 또 만나고 헤어지며 인생을 살아간다. 만남이야 그렇다 쳐도 이별은 보통 두렵고 싫다. 요즘은 헤어질까 봐 연애를 못하겠다는 사람들이 많이 보인다. 이별이 두려운 것이다. 갑작스러운 죽음으로 인한 사랑하는 사람과의 예상치 못한 이별은 어떨까? 이는 감당하기조차 버거운 슬픔과 두려움을 안겨준다. 하지만 이별은 관계의 끝이 아니라 새로운 관계의 출발이 되기도 한다. 사귀던 연인에게서 이별 통보를 받았는데, 그 후 평생 마음이 잘 맞는 반려자를 만난다면, 그 이별은 오히려 두려움 너머에 있는 자신이 원하는 것을 찾게 만든 행운인 셈이다.

---

3 《아픈 몸을 살다》, 봄날의책, 아서 프랭크 지음, 메이 옮김(2017).

우리는 노화를 두려워한다

사람은 누구나 늙는다. 그리고 이것은 변함없는 사실이다. 우리는 나이가 들어감에 따라 점점 힘을 잃어간다. 힘이 없다는 것은 하고 싶은 일을 해내기 힘들다는 의미고, 사랑하는 사람에게 무언가를 해줄 기회가 적어진다는 의미이기도 하다. 주변에 늦은 나이에 아이를 낳은 부모들이 웃으면서 종종 하는 이야기가 있다. "이 애가 대학교에 들어가면 내 나이 환갑이 넘어." 이 말은 자신이 늙어 자식에게 뒷바라지를 잘 못해줄까 하는 걱정스러운 마음의 두려움이다. 노화를 거스를 수 있는 방법은 없다. 다만 그 속도를 어느 정도 줄일 수 있는 대안이 있을 뿐이다. 나이가 들어가는 과정도 생각이 익어가는 과정이라고 생각하면 두려움도 어느 정도 줄 일 수 있다. 몸은 늙어가지만, 생각은 낡아빠지지 않게 노력한다면 노화는 결국 삶의 성숙에 이르는 과정임을 알 수 있다.

우리는 죽음을 두려워한다

죽음은 그 어떤 두려움보다 강력한 두려움 중 하나다. 드라마에서 한 남자가 복면 강도에게 위협을 받고 있다. 그때 "목숨만은 살려주세요. 가진 것은 모두 드리겠습니다"라는 대사가 나온다. 자신이 가진 것을 모두 주고서라도 끝까지 잃고 싶지 않은 게 바로 목숨이다. 목숨이 붙어 있는 시간까지가 바로 인생이기 때문이다. 모든 사람은 태어나면 언젠가는 반드시 죽는다. 하지만 이 사실을 평소에 깊이 생각하며 사는 사람은 드물다. 어쩌면 영원히 살 수 있다고 착각하기에 우리는 죽음을 두려워하는지도 모른다. 나이가 들어갈수록 죽음에 대해 조금씩 초연해져가는 것을 보면 그게 맞는 듯하다.

우리는 비자유를 두려워한다

대한민국은 안타깝게도 36년간 일제 식민치하에서 자유를 잃은 채 살았다. 선조들은 나라의 자유를 위해 싸웠고, 어떤 이들은 자신의 소중한 목숨까지도 아낌없이 바쳤다. 또 민주화를 위해서도 목숨 바쳐 싸웠다. 그만큼 우리는 비자유를 두려워한다. 어느 날 갑자기 내 몸이 평생 감옥에 갇힌다고 상상해보자. 두렵지 않은가? 때로는 자유가 목숨보다 가치가 있는 그 무엇이다. 현재 대한민국은 자유민주주의를 실행하고 있는 나라다. 그런데 왜 학생들이 학교에서 공부하는 것을 답답해할까? 왜 사람들이 회사에 출근해서 일하는 것을 답답하게 느낄까? 분명 대한민국이 과거보다 잘살게 됐는데 왜 우울한 사람도 많고, 자살하는 사람도 많아진 걸까? 혹시 우리가 자유롭다고 착각하며 사는 것은 아닌지 한 번 깊이 생각해볼 필요가 있겠다.

우리는 실수와 실패를 두려워한다

실수와 실패는 여러 가지 요소에 따라 다양한 두려움을 동반한다. 예를 들어, 실패가 금전적 손해로 이어져 가난, 질병, 죽음으로 도달할 수 있고 또 어떤 실패는 사회적으로 비난받는 대상이 되어 자아상실로 이어질 수도 있다. 실수와 실패는 그 의미가 다르다. 작은 실수를 사전에 방지하지 않으면 돌이킬 수 없는 큰 실패로 다가온다. 예를 들면, 지나가는 여인이 마음에 들어서 데이트 신청을 하려고 했지만, 못하는 경우는 실수이고, 용기를 내서 데이트 신청을 했는데 거절당하면 실패다. 이처럼 실수는 의도하지 않았음에도 불구하고 경험 부족이나 부주의로 일어나는 잘못함이고, 실패란 그 실수로 인해 원하는 결과나 목적을 이루지 못한 상태다. 실수와 실패에 대한 두려움의 크기는 개인이 느끼는 감정에 따라 다르게 다가온다. 어떤 실수는 가볍게 창피함을 당하는 정도로 끝나지만, 어떤 실수는 잘나가던 인생을 한순간 망가뜨리는 두려움의 부메랑이 되어 돌아오기도 한다. 문제는 같은 실수가 반복되어 돌이킬 수 없는 실패를 했을 때 겪는 좌절감이 주는 두려움이다.

연령대별·개인별로 두려움은 저마다의 방식으로 살아간다

두려움의 대상은 나이와 개인 성향에 따라 다르게 나타난다. 연령대별로 보면, 초등학생은 왕따(집단 따돌림)가 두렵고, 중학생은 학교 폭력이 두렵고, 고등학생은 대학에 떨어질까 봐 두렵고, 대학생은 취업이 안 될까 봐 두렵고, 청년은 연애와 결혼이 두렵고, 중장년은 회사에서 잘릴까 봐 두렵고, 준비되지 않은 노후가 두렵고, 노년은 고독사가 두렵다. 이처럼 사람은 태어나서 죽을 때까지 두려움과 가까이서 살아갈 수밖에 없다. 어차피 우리 삶에서 두려움을 완전히 없앨 수는 없다. 그렇기에 병과 함께 살아가듯 두려움도 인생의 친구로 맞이해서 담담하게 버티고 견뎌나간다면, 두려움에 대한 우리의 자세와 태도도 달라질 것이다.

개인별로 보면 물이 두려운 사람, 운전하는 게 두려운 사람, 작은 개조차도 두려운 사람, 사진 속에 뱀만 봐도 두려운 사람, 높은 곳에 있는 게 두려운 사람, 밀폐된 공간에 있는 게 두려운 사람, 여러 사람 앞에 서는 게 두려운 사람, 심지어는 사람이 두렵다고 말하는 사람도 있다. 이처럼 모든 인간은 저마다 두려운 대상이나 주체가 다 다르다. 이 세상에 똑같은 사람이 없는 이유다. 경험이 다르고 지향하고 추구하는 목적이나 가치관이 다르기에 그들이 인생에서 소중하게 생각하는 경험의 양상도 다르다. 거기서 겪는 두려움의 종류나 성격, 두려움을 느끼는 정도가 다른 이유다.

두려움은 어디에서 태어나
나에게 다가오는 것인가?

우리가 느끼는 두려움은 어디서 오는 걸까? 적을 알고 나를 알아야 승리할 수 있는데, 우리는 생각보다 두려움에 대해 모른다. 보이는 것도 아니고 어떤 실체가 있는 것도 아니고 그렇다고 모두가 어떤 대상을 똑같이 두렵다고 느끼는 것도 아니다. 보통의 경우, 두려움은 우리에게 피하고 싶은 대상으로 여겨진다. 하지만 두려움은 삶에 행복을 추구하고 원하는 방향을 향해 나아가고자 할 때 반드시 따라붙는다. 마치 우리의 그림자와 같다. 우리가 평생을 달고 살면서도 그다지 관심을 가지고 생각하지 않는 존재다. 어쩌면 두려움은 다른 감정에 비해 우리의 관심을 받지 못하기 때문에 우리에게 알아달라고 더 들러붙는지도 모른다. 이제 두려움에 대해 좀 더 자세히 살펴보자. 두려움에 대해 알아야 그것을 극복할 방법도 찾을 수 있기 때문이다.

두려움은 불확실성을 먹고 자란다

초등학교 2학년 어느 화창한 봄날이었다. 학교에 갔다 집에 돌아와서 얼마 안 지났을 때, 주인집 아주머니께서 나보고 전화를 받아보라고 하셔서 받아보니 수화기 너머에서 어머니 목소리가 들려왔다. 뭔가 불안정한 목소리로 금대계곡(강원도 원주) 근처 어디로 동생과 함께 오라고 하시고는 별다른 설명도 없이 끊으셨다. 나는 영문도 모르고 당황스러웠지만, 어머니 말씀대로 세 살 터울 남동생을 데리고 금대계곡으로 출발했다. 버스를 타고 갈 차비가 없어서 우리는 집을 나서서 그냥 걷기 시작했다. 평소 여름이면 동네 형들과 친구들이랑 가끔 버스를 타고 물놀이 하러 갔던 곳이라 이미 어딘지는 알고 있었다. 우리는 2시간 이상을 걸어서야 어머니께서 말씀하신 금대계곡 근처에 도착할 수 있었다. 그런데 어머니는 보이지 않으셨다. 계속 어머니를 부르고 찾아봐도 어디에도 보이지 않으셨다. 얼마쯤 지났을까 어둠이 서서히 깔리기 시작했고 나와 동생은 두려움이 몰려왔다. 끝내 우리는 어머니를 못 만나고 다시 집으로 돌아왔다.

집에 돌아오고 나서도 한참이 지나도록 어머니는 오시지 않으셨다. 어머니는 12시가 다 되어서야 돌아오셨다. 그런데 어머니는 오시자마자 목 놓아 우시기 시작했다. 그러면서 "학수야, 우리 이제 어떻게 사니? 우리 어떻게 살아…"를 연신 외치셨다. 나와 동생은 도무지 무슨 영문인지 몰랐고, 한참이 지나고 나서 어머니께서 진정이 좀 되셨는지 그제야 아버지께서 사고로 돌아가셨다고 말씀하셨다. 그때 어머니는 어떤 마음이 드셨을까? 짐작하건대 의지할 커다란 존재가 사라짐에 대한 두려움이 몰려왔을 것이다. 미래에 대한 불확실성이 커진 것이다. 그때 나는 어려서 그것이 내 인생에 어떤 불확실성을 몰고 올지를 잘 몰랐다.

우리는 누구나 불확실성을 안고 산다. 오늘 건강하다고 내일 건강하다는 보장이 없고, 오늘 살아 있다고 내일을 보장할 수도 없다. 얼마 전, 한 대학생이 아르바이트로 건물 외벽 청소를 하던 첫날 추락사로 사망했던 일이나 전라도 광주에서 건물해체 작업을 하다가 건물 외벽이 무너지며 버스 정류장을 덮쳐 수많은 사망자가 생기는 등, 나에게도 이런 일이 안 생긴다고 보장할 수 없는 세상에 살고 있다. 불확실은 우리가 무슨 일을 하고자 할 때 망설이게 하는 주범이다. 망설여지는 이유는 하고 싶은 일이 확실하지 않은 상황에서 어떤 일이 나를 급습할지 모르는 두려움 때문이다. 하지만 앞으로 우리가 살아갈 세상은 확실한 게 거의 없이 불확실성을 안고 춤을 추듯 살아야 하는 곳이다. 불확실로 인해 두려움에 사로잡혀 아무것도 못 한다면, 인생에서 얻을 수 있는 것도 아무것도 없을 것이다.

불안정성이 두려움을 불러온다

두려움은 '현재 가지고 있는 무언가를 잃을까' 하는 생각에서 온다. 잃는다는 것은 지금 있는 안정이 깨지는 불안정성을 의미한다. 건강을 잃을까 봐, 돈을 잃을까 봐, 직장을 잃을까 봐, 명예를 잃을까 봐, 권력을 잃을까 봐, 인기를 잃을까 봐, 친구를 잃을까 봐, 애인을 잃을까 봐, 가족을 잃을까 봐 등등. 가진 것을 잃을까 봐 우리는 두려워한다. 반면 지나온 과거는 두렵지 않다. 잃을 게 없기 때문이다. 과거는 바꿀 수 없기 때문이다. 요즘 한국에서는 공무원이 되려고 시험을 준비하는 사람들이 많다. 사회가 불안정하기 때문이다. 좋은 직장에 들어가기도 힘들고 들어갔다고 정년까지 다닐 수 있다는 보장도 없으며, 길어진 노후는 더욱 걱정이다. 그래서 처음부터 안정성에 초점을 맞춰 공무원을 준비한다. 그런데 공무원 시험은 경쟁률이 굉장히 높다. 경쟁률이 높다는 것은 합격할 확률이 그만큼 낮다는 의미도 된다. 결국 불확실성이 커질수록 불안정성도 같이 따라 커진다. 그렇다면 과연 안정적인 삶이 계속된다면, 사람은 두려움이 사라질까? 심한 불안정도 심리적으로 불안감을 가중시키지만, 너무 오랫동안 지속되는 안정성의 이면에도 역시 불안정성이 잠자고 있다. 언제 어떤 상황으로 돌변할지 알 수 없는 안정성 역시 불안감의 원천이 될 수도 있다.

무지가 나은 자식 중 한 명이 두려움이다

우리는 죽음이 왜 두려울까? 죽은 후 어떤 일이 일어나는지 모르기 때문이다. 모른다는 것은 모든 두려움의 시작이다. 모름은 불확실성을 의미하기도 하고 불안정성을 의미하기도 한다. 이 둘은 모름이 낳은 자식들이다. 내일 우리에게 어떤 일이 일어날지 정확히 아는 사람은 아무도 없다. 그래서 해마다 많은 사람이 미래의 불안과 두려움을 조금이라도 줄여보고자 점집을 찾고 운세를 본다. 모름이 우리의 판단을 흐리게 하기 때문이다. 모름은 우리가 나아가고자 하는 데 발목을 잡는다. 알면 유리한 쪽으로 선택해서 집중하면 되지만, 모르면 선택이 힘들고 에너지를 집중하기도 힘들다. 요즘 인류는 가보지 않은 미래를 예측하느라 바쁘다. 개인도, 기업도, 국가도 여러 가지 방향성을 잡고 있다. 그중 한 가지 방향성은 확실하게 정해진 것 같다. 환경을 생각해야 한다는 것이다. 지구가 이대로 계속 가다가는 인류가 멸종할 수 있다는 위기의식을 느끼고 있다. 그래서 탄소배출을 줄이려고 전 지구적으로 노력하고 있다. 이 방향에 동참하지 않는 개인과 기업, 국가는 존립 자체가 힘들어질 것으로 예상된다. 하지만 무지를 자각할수록 그만큼 두려움은 줄어든다. 내가 무엇을 모르는지 알 수 없는 두려움과 내가 무엇을 모르는지 아는 두려움은 차원이 다르다.

1부 · 두려움의 정체와 본질, 그것이 알고 싶다!

조급해지면 두려움도 함께 뛰기 시작한다

누구나 중요한 시험을 앞두고, 중요한 발표를 앞두고 한 번쯤 긴장해본 경험이 있을 것이다. 아직 준비되지 않은 상황에서 시험이나 발표시간이 다가올수록 우리의 부족한 준비는 우리를 두렵게 만든다. 여기서 부족하다는 것은 시간이 없음을 의미한다. 시간에 쫓기는 것이다. 왜 시간에 쫓길까? 원하는 걸 하고 싶어서고, 해야 하는 걸 해내야 하기 때문이다. 원하는 게 멀어질 때 우리는 불안감을 느낀다. 집값이 계속 오르는데, 주가가 계속 오르는데, 지금이라도 내가 무언가를 해야 하지 않을까 하는 조급한 마음이 두려움을 부추긴다. 하지만 보다 근본적인 이유를 따라가다 보면 조급함의 두려움은 우리 인생의 유한성에 있다. 영원히 산다면 우리는 조급할 이유가 없다. 조급해지면 상황판단을 정확하게 하기 어렵고, 상황판단이 되지 않으면 신중하게 의사결정을 하기 어려워진다. 조급함은 올바른 판단과 정확한 의사결정을 가로막는 주범이다. 그런 조급함이 심해지면 두려움도 덩달아 커지기 시작한다. 하던 일을 잠시 멈추고 심리적 안정을 되찾은 다음, 복잡한 사안을 숙고하지 않으면 두려움은 미쳐 날뛰기 시작한다.

많은 것이 두려운 세상이다. 지구온난화로 인해 태풍, 가뭄, 홍수 등이 전 지구적으로 빈번히 일어나고 있고, 코로나19 같은 전염병이 언제 또 우리에게 닥칠지 모른다. 4차 산업혁명과 자동화로 인해 점점 우리의 일

두려움 너머 설렘의 꽃이 피다

자리가 사라지고 있고, 높은 인플레이션과 치솟는 집값과 전세금은 서민들의 삶을 더욱 힘들게 하고 있다. 중소기업은 회사 유지조차 어렵다고 하고, 잘나가는 대기업도 미래 먹거리 창출에 고심이다. 지방 대학교는 학생 모집이 안 돼서 폐교될까 봐 두렵고, 지방 도시는 인구 감소로 소멸이 걱정이고, 국가는 인구가 줄어 존립 자체가 위기다. 하지만 세상이 아무리 두렵다고 해도 두려움은 내 삶의 일부일 뿐이다. 두려움이 없는 세상은 살 만한 가치나 재미도 없는 세상이다. 두려운 대상에 정면으로 도전해서 성취하는 즐거움과 기쁨을 만끽하기 위해서는 두려움을 친구로 받아들여야 한다. 우리는 두려움이 삶을 지배해 원하지 않는 삶을 사는 것을 경계해야 한다. 두려움을 극복하려는 노력을 너무 성급하게 추진하기보다 두려움을 내 삶의 동반자로 생각하고 받아들이자. 두려움도 내가 없으면 살지 못한다. 두려움이 없으면 삶이 얼마나 단조롭고 지루할 것인가. 두려움이 다가온다. 반가운 소식이다. 그 친구와 함께 심장 뛰는 삶으로 진군하는 모험과 위험이 우리를 이전과 다른 체험의 세계로 인도해 줄 것이다. 우리가 진정 원하는 삶은 두려움으로 포장된 선물이기 때문이다.

2부

흘러간 학창시절,
평생 솟아나는 추억의 샘물이다

우리는 누구나 자신만의 학창시절에 대한 기억을 가지고 산다. 학창시절을 생각하면 기분 좋은 추억이 먼저 떠오르는 사람도 있을 것이고, 반대로 힘들었던 나쁜 기억이 먼저 떠오르는 사람도 있을 것이다. 만약 그 시절 왕따나 학교 폭력을 당한 사람이라면, 학창시절 자체가 지우고 싶은 공포와 두려움의 기억일 수도 있다. 나에게 학창시절은 대체로 좋았던 기억이 많다. 그리고 지금도 솟아나는 추억의 샘물이 되고 있다.

소심했던 어린 시절,
작심하고 과거를 소환하다

초등학교에 입학하고 난 후, 처음 나의 학교생활은 모든 게 낯설었다. 지금이야 초등학교 입학 전에 어린이집과 유치원에 다니는 것이 기본이지만, 내가 원주에서 초등학교에 들어가는 시점에는 유치원을 안 다닌 친구들이 많았다. 나도 그중 한 아이였다. 그러다 보니 나는 초등학교에 들어가서야 한글 공부를 시작하게 되었다. 어느 날, 국어 시간에 선생님께서 읽어주는 문장을 따라 읽다가 이런 문장을 읽게 되었다. "파란 하늘에 우리 태극기, 태극기가 바람에 펄럭입니다." 한글을 알면 이 문장 정도는 모두 읽을 수 있다. 하지만 읽는다고 뜻까지 안다는 의미는 아니다. 나는 처음 이 문장을 읽고 이게 어떤 의미인지 몰라서 답답했다. 하지만 내가 뜻을 알든 모르든 수업은 계속 진행되었다.

살다 보면 세상이 어떻게 돌아가는지 잘 이해가 되지 않을 때가 있다.

두려움 너머 설렘의 꽃이 피다

분명 세상은 돌아가고 있는데 나만 모르는 것 같고, 뒤처지고 있는 것 같을 때, 우리는 답답함을 느낀다. 답답함이 심해지면 불안감을 몰고 오고 나도 모르는 사이에 두려움이 느껴진다. 어떤 이들은 그런 대중의 공포 심리를 이용해 자신들의 이득을 취하기도 한다. 호흡을 편히 하고 세상을 바라보자. 조급하면 세상에 휘둘리기 쉽다.

  창피한 이야기지만, 초등학교 입학 후 며칠 안 됐을 때의 일이다. 수업이 시작되고 어느 정도 시간이 흘렀을 때, 나는 오줌이 마렵기 시작했다. 시간이 지남에 따라 내 몸이 점점 꼬이기 시작했고, 나는 화장실이 너무나 가고 싶었다. 그런데 나는 그때 수업 시간에는 화장실에 가면 안 되는 줄 알았다. 화장실은 당연히 쉬는 시간에만 가야 한다고 생각했다. 수업은 이제 안중에도 없었고 온몸에서 긴장감이 맴돌았다. 빨리 화장실에 가고 싶은 마음뿐이었다. 내가 화장실에 가고 싶다는 마음을 선생님이나 친구들은 아무도 알지 못하니 수업은 평화롭게 진행되었다. 그러다 어느 순간, 선생님과 반 친구들 모두가 나를 주목하기 시작했다. 내가 참다 참다 그만 바지에 오줌을 싸버렸기 때문이다. 내가 어쩔 줄 몰라 당황해하고 있을 때 옆 짝꿍이 나를 위로하며 이렇게 말했다. "괜찮아."
  사람은 살면서 누구나 실수를 할 수 있다. 그럴 때 옆에서 어떻게 반응해주는지는 매우 중요하다. 실수했다고 자꾸 야단을 치면 실수가 두려워 몸이 굳어버린다. 실수로 얼어버린 마음을 녹이는 건 따뜻한 마음이다. 그래서 따뜻한 봄이 되어야 새싹도 트는가 보다.

선생님께서 나더러 책을 읽어보라고 말씀하셨다. 나는 친구들 앞에 서서 책을 읽는 것이 너무 부끄러웠다. 나는 서서 떨리는 목소리로 진땀을 흘려가며 겨우 읽어내기에 바빴고, 다 읽고 나서 자리에 앉은 다음에는 오히려 더 크게 심장이 요동쳤다. 궁금한 게 생겨도 손을 들어서 선생님께 질문한다는 것은 나에게 두려움이었다. 학년이 올라가면서 나는 이런 내 성격이 싫었다. 그러면서 언제부턴가 나도 이런 나의 성격을 고쳐보고 싶다는 생각이 들었다. 성격 좋고, 활발한 친구들은 내 부러움의 대상이었고, 나도 그렇게 되고 싶었다. 내 마음속 소망이 조금씩 꿈틀거렸다.

마음속에 소망을 품는 것은 어미 닭이 달걀을 품는 것과 같다. 언제 부화할지는 몰라도 꾸준한 온기를 품으면 언젠가는 부화한다. 질문이 두려웠던 어린 시절, 무엇이 그렇게 겁나고 두려웠을까? 어린 나의 모습을 돌아보니 안쓰럽고 안타깝다. 때로는 자신의 성격이 맘에 들지 않을 수 있다. 하지만 마음에 들지 않는 성격도 노력으로 상당 부분 바꿀 수 있다. 세상에 변함없이 영원한 것은 없다. 성격도 마찬가지다. 중요한 것은 변할 수 있다는 믿음과 변해야겠다는 다짐, 그리고 꾸준한 노력이다. 믿음과 다짐이 만나면 불가능도 가능해진다.

어머니와의 약속, 나를 구출해준 사건이었다

초등학교 2학년 무렵, 아버지께서 돌아가시고 얼마 되지 않았을 때의 일이다. 나는 학교에 가는 게 싫어지기 시작했다. 무슨 이유 때문이었는지는 사실 지금도 잘 기억나지 않는다. 아마도 지금 짐작해보면 공부하는 게 별로 재미없었던 것 같다. 그런 생각이 들 무렵, 동네에서 늘 같이 놀던 한두 살 위의 형들이 학교에 가지 말고 내일부터 놀러 가자는 제안을 해왔다. 나는 처음에는 '학교에 안 가도 괜찮을까?' 하는 걱정부터 들기 시작했다. 학교는 당연히 가야 한다고 생각했던 나의 머릿속에 돌이 하나 날아와 '쿵' 하고 부딪치는 느낌이었다. 하지만 나는 다음 날부터 학교를 빠지기 시작했다. 나는 아침이면 여느 때처럼 책가방을 메고 집을 나섰다. 그러고 나서 내가 향한 곳은 학교가 아닌 동네에서 조금 떨어진 빈 공사장이었다. 동네 형들은 이미 그곳에 와 있었고, 내가 도착하자마자 내 가방을 큰 나무 합판 밑에 숨겨주었다. 그다음, 형들은 나를 데리고 그 근처 만화방으로 갔다. 나는 좀 어리둥절했는데 가게 아주머니가 우리를 자연스럽게 맞아주었다. 형들은 뭐가 재밌을까 서로 이야기하며 비디오테이프를 고르기 시작했다. 그들은 한두 번 여기 온 게 아니었다.

그 후 우리 또래로 보이는 아이들이 몇 명 더 가게로 들어왔다. 여기에서는 규칙이 존재했다. 제일 먼저 온 아이들이 고른 비디오테이프를 아주머니는 당연하게 틀어주셨다. 늦게 온 아이들도 으레 그것을 받아들이는 눈치였다. 그 후, 아주머니는 아이들에게서 코 묻은 돈을 몇 푼 받으시고는 방으로 다시 들어가셨다. 나는 그때 돈이 없어서 형들이 대신 내줬다. 우리가 주로 보던 영화는 중국 무술영화였다. 나는 친구네 집에서 비디오로 영화를 가끔 봤지만, 이런 경험은 처음이라서 그냥 조용히 앉아서 영화를 보기 시작했다. 내가 학교에 안 갔다는 사실도 잊은 채 너무도 재밌게 봤다.

재미있게 뭔가에 몰입하면 가끔은 자신의 본분과 책임을 망각하게 된다. 몰입은 사람을 집중하게 만들고 수단과 목적의 구분을 무색하게 만든다. 그것 자체가 놀이로 탈바꿈을 시도하기 때문이다. 놀이 속에는 무엇이 목적인지 수단인지 구분되지 않는다. 오로지 힘들여 시간을 투자하는 노동에만 수단과 목적이 구분되어 있다. 그래서 사람은 노동보다 놀이를 좋아하나 보다.

며칠째 그런 생활이 계속 이어지던 어느 날, 나는 형들과 영화를 보고 가게 문을 열고 나오는데 마침 평소보다 늦게 출근하시던 어머니와 눈이 마주쳤다. 나는 깜짝 놀라 어떻게 해야 할지 몸이 움직여지지 않았다. 두려움이 몰려왔다. 어머니는 출근하시느라 나에게 나지막이 한마디만 하고 가셨다. "이따 저녁에 집에 가서 보자." 그 순간부터 내 마음은 불안감에 휩싸였다. 저녁에 어머니께서 오셔서 어떤 일이 벌어질지 상상이 안 됐기 때문이다. 어머니는 목욕탕을 관리하는 일을 하셨기에 밤이 되어서야 돌아오셨다. 그리고 나를 앉힌 후, 내게 조용히 물으셨다. "왜 학교에 안 갔니?" 나는 아무 말도 할 수가 없었다. 그렇게 잠시 시간이 흐른 후 어머니는 내게 말씀하셨다. "내일 엄마랑 같이 학교 가자." 나는 알겠다고 대답했고 어머니는 뒤돌아서 눈물을 흘리셨다. 그 사건 이후로 나는 학창시절을 통틀어 결석을 해본 적이 없다.

그때 나는 마음속으로 다짐했다. 어머니를 더 이상 슬프게 하지 않겠다고. 그때 어머니를 마주치지 않았더라면, 내 인생은 어떻게 됐을까? 때론 우연한 마주침이 인생을 바꾸기도 한다. 나는 아내도 그렇게 만났다. 내가 우연한 마주침이 기다려지는 이유다. 삶 속에는 우리가 생각지도 못했던 사건·사고들이 수없이 벌어진다. 그리고 우리는 그 사건·사고들 속에서 배우고 성장한다. 지금 나에게 벌어지고 있는 사건·사고가 있다면, 그것이 나에게 어떤 메시지를 던지고 있는지 자세히 들여다보자. 어쩌면 그것이 삶을 새롭게 변화시키는 불쏘시개가 될지도 모를 일이다.

서울로의 전학,
내 인생의 전환점이 되다

원주에서 중학교 1학년 2학기를 다니고 있었는데, 갑자기 어머니께서 서울에 있는 언니 집 옆으로 이사 간다고 말씀하셨다. 나는 중학교에 들어가서 적응을 나름 잘하고 있었는데, 원주도 아닌 서울로 전학을 해야 한다는 어머니 말씀에 마음이 불편해지기 시작했다. 서울로의 전학은 내가 또다시 낯선 환경에 적응해야 한다는 두려움을 몰고 왔다. 게다가 전학 절차가 예상과 달리 늦어지면서 어머니와 동생은 이미 서울로 올라왔고, 나는 한 달 동안 원주에서 혼자 지내야 했다. 어머니께서 주말이면 들려서 나를 챙겨주셨지만, 인생 처음으로 긴 시간을 혼자 보내는 낯선 시간이었다. 한 달쯤 지나 나는 서울 구로에 있는 중학교에 입학 배정을 받을 수 있었다.

전학 첫날 아침, 담임선생님은 나를 데리고 교실로 들어갔다. 교실로 가는 도중, 주위를 둘러보니 원주에서 중학교 다닐 때는 못 보던 여학생들이 눈에 들어왔다. 나는 원주에서 남자 중학교에 다녔기 때문에 여학생이 학교에 같이 있다는 사실이 왠지 낯설게 느껴졌다. 담임선생님은 반 아이들에게 새로 전학 온 학생이라며 나를 소개해주셨고, 그 후 나에게 직접 인사하라고 말씀하셨다. 다행스럽게도 내 눈앞에는 남학생들만 앉아 있었다. 남녀 공학이지만 남자반, 여자반으로 나뉘어 있다는 것에 나는 그나마 안심이 되었다.

낯선 환경에 접하면 보통 사람은 두렵고 떨린다. 한 번도 경험해보지 못한 상황에 부닥치게 되면, 그때부터 몸은 이전과 다르게 감각적으로 세상을 받아들이거나 거부하기 위해 사투를 벌인다. 사람이 생각을 새롭게 하는 시기도 바로 이런 때다.

수업 시간이 끝나고 쉬는 시간이 되자 몇몇 친구들이 내게 몰려왔다. 나는 왠지 쑥스럽고 낯설었지만, 친구들의 물음에 이런저런 대답을 해주었다. 그런데 한 친구가 너는 강원도에서 왔는데 왜 사투리를 안 쓰냐고 내게 물었다. 나는 살면서 그런 질문을 처음 받아봤고, 나도 내가 왜 사투리를 안 쓰는지 그 이유를 몰랐다.

무의식적으로 살 때는 인식하지 못하다가 낯선 질문을 받는 순간 의식이 깨어난다. 그러면서 세상이 다르게 보이고, 그동안 미처 보지 못했던 것들이 보이기 시작한다. 분명 어제 걷던 그 길인데 낯선 풍경들이 들어오고 생각지도 못한 생각을 하게 된다. 이것은 스스로 자신에게 던지는 질문에서도 경험할 수 있다. 철학적 질문을 던지며 내가 지금 왜 여기에 있는지, 내가 진정으로 원하는 삶이 무엇인지 답을 찾고자 할 때, 세상은 이전의 모습과 다르게 보인다. 서울로의 전학은 내게 그걸 암시하는 사건이었다.

동아리에 들면서 인생의 메아리가 울리다

어디서 들었는지 기억이 정확하지는 않지만 나는 동아리에 들면 성격이 적극적으로 바뀔 수 있다는 이야기를 들은 적이 있다. 그래서 고등학교에 입학해서 기회가 되면 동아리에 들어봐야겠다고 기회를 엿보고 있었다. 어떤 동아리가 좋을까 생각하고 있는데, 마침 선배들이 동아리 홍보를 한다며 점심시간을 이용해서 1학년 교실을 돌았다. 연극반, 풍물반 등 계속해서 2학년 선배들이 자기 동아리에 들면 이런저런 장점이 있다며 적극적으로 홍보를 했다.

그러던 어느 날, 점심시간에 교실 문이 열리더니 두 명의 낯선 사람이 교실로 들어왔다. 나는 그들이 교실에 들어서는 순간, 동아리를 소개하러 왔다는 것을 직감했다. 그중 한 명이 교탁에 서서 자신은 문예반장이라 소개한 후, 문예 동아리에 들면 이런저런 활동을 할 수 있다고 설명하기 시작했다. 그는 안경을 끼고 있었고, 얼굴이 까무잡잡했으며 남자답게 생긴 얼굴이었다. 목소리가 좋고 체격도 커서 왠지 모를 무게감이 느껴졌다. 무엇보다 그의 말에서 신뢰가 느껴졌다. 나는 본능적으로 '아, 저기구나!'라는 생각이 들었다.

살다 보면 뭐라고 말로 설명하기 힘들지만, 그냥 어떤 느낌이 좋아서 무언가를 선택하는 경우들이 있다. 예를 들어, 옷을 사거나 운동화 또는 가방을 사는데 이런저런 설명을 떠나서 그냥 '저거구나!' 하는 느낌 같은 게 올 때다. 사람을 처음 만나 첫눈에 반해 결혼까지 하는 경우도 바로 그런 느낌 때문이다. 그리고 그것은 왠지 모를 설렘으로 다가온다. 문예 동아리는 나에게 바로 그런 설렘으로 다가왔다.

오후 수업이 끝나고 나는 같은 반 친구 한 명과 함께 문예 동아리 방에 들렀다. 동아리 방은 교실 크기의 1/3 정도 되어 보였고, 방 안에는 선배로 보이는 몇 명이 앉아 있었다. 우리가 면접 보러 왔다고 인사를 하니 선배들이 반갑게 맞아주었고 별다른 기다림 없이 면접이 바로 시작되었다. 선배들은 우리에게 이런저런 질문을 던졌고, 최종 결과는 며칠 후 알려주겠다고 했다. 알고 보니 동아리 정원을 일곱 명만 뽑는데 이미 정원 이상이 면접을 보고 간 상태였다. 방을 나오면서 같이 갔던 친구는 다른 동아리에도 가봐야겠다고 말했지만, 나는 별로 그럴 생각이 없었다. 그냥 문예반에 들고 싶었다. 며칠 후 나는 문예반 선배로부터 최종합격 전에 한번 동아리 방에 들르라는 통보를 받았고, 선배들은 나에게 다시 한번 진지하게 가입 의사를 물었다. 물음에 나는 대답했다. "네, 활동하고 싶습니다."

며칠 후 나는 최종합격 통보를 받았다. 그리고 마음속에서 설렘이 시작되는 것을 느꼈다. 하고 싶은 것을 할 수 있다는 것은 삶에 설렘을 가져다준다. 때로는 하고 싶은 것을 한다는 상상만으로도 설렘이 느껴지기도 한다. 하지만 우리는 나이가 드니 설렐 일이 없다고 말하면서 그 설렘을 잊고 살 때가 많다. 생각해보면 우리는 어렸을 때 작고 소소한 것들에서도 설렘을 느꼈다. 소풍 가는 날이 다가오면 설렜고, 운동회, 수학여행, 생일과 크리스마스 또한 우리에게 설렘이었다. 1년에 두 번 어김없이 찾아오는 여름 방학과 겨울 방학이 시작될 때는 기쁨 넘치는 설렘이 있었다. 그리고 지금은 그 시절 좋았던 추억들이 가끔 메아리가 되어 울린다.

나의 실종 사건에도 나는 행복했다

고등학교 2학년 때, 나는 여름 방학을 이용해서 친구들 몇 명과 함께 용돈을 벌려고 일당제로 막노동을 며칠 한 적이 있다. 동네 근처 인력 사무소로 5시까지 나가서 대기하고 있으면, 그곳에서 몇 명씩 짝지어 공사 현장으로 우리를 보냈다. 일을 마치고 돈을 받아 다시 사무소로 돌아와 소개비 10%를 지급하는 형식으로 일이 진행되었다. 그 당시 경기도의 1기 신도시(분당, 일산, 중동, 평촌, 산본)를 비롯해 수도권에서는 하루가 다르게 건물들이 올라가고 있었던 상황이라 여기저기서 자재와 인력이 부족했다. 그 덕에 우리 같은 고등학생도 크게 묻지 않고 인력으로 투입되는 실정이었다. 며칠째 일을 나가던 어느 날, 나는 친구들과 달리 혼자 모르는 사람들과 함께 현장 배정을 받게 되었다. 혼자 간다는 것이 불안하기도 했지만, 어쩔 수 없이 함께 배정받은 아저씨들을 따라 봉고차를 타고 현장으로 출발했다. 한참을 달린 끝에 우리는 7시 전에 현장에 도착했고, 알고 보니 그곳은 고양시 일산에 어느 아파트 현장이었다.

그날 현장에서는 아파트 7층 높이까지 올라간 건물 위로 콘크리트를 치는 날이었다. 콘크리트를 칠 때는 같은 날 같은 층을 끝내야 했기에 사람들은 분주했고, 레미콘 차가 도착했을 때는 온통 신경이 그곳에 집중됐다. 날씨도 좋았고 일도 순조롭게 진행되는 듯 보였다. 그런데 오후 시간으로 넘어가면서부터 레미콘 차가 점점 도착이 늦어졌다. 그 때문에 원래 5시면 끝났어야 할 작업이 6시가 넘어도 끝날 줄 몰랐다. 나는 처음 겪는 일이라 같이 온 아저씨들의 눈치를 살피며 말없이 작업반장의 지시에 따랐다. 작업은 결국 7시가 넘어서야 끝이 났고 여름이라 아직 날이 어둡지는 않았다. 모든 작업이 끝나고 옷을 갈아입은 후, 우리는 작업반장을 따라 근처 식당으로 갔다. 배가 고팠던 터라 음식은 더할 나위 없이 맛있었고, 식사가 끝나자 작업반장이 우리에게 일당을 나눠주기 시작했다. 그런데 눈앞에서 뜻밖의 기분 좋은 일이 벌어졌다. 늦은 시간까지 고생했다며 일당의 50%인 2만 원을 더 챙겨주는 것이었다. 나는 2만 원이나 더 돈을 받았다는 사실에 기분이 좋아졌다.

2부 · 흘러간 학창시절, 평생 솟아나는 추억의 샘물이다 나는 결국 밤 10시가 넘어서야 집에 도착했고, 평소와 달리 동생과 어머니가 나를 극도로 반갑게 맞아주었다. 가족과 친구들은 내가 밤이 되도록 집에 돌아오지 않으니 아침에 봉고차를 타고 낯선 아저씨들과 이동하는 내 모습을 본 친구의 상상력으로 인해 모두 내가 납치된 줄 알았다고 했다. 그래서 경찰서에 가서 나를 실종신고 하려고 했다는 말에 나는 내심 미안했다. 집에 전화한다는 것을 생각조차 못 했기 때문이다. 지금은 핸드폰이 있으니 전화 한 통 쉽게 할 수 있지만, 그때는 핸드폰이 없던 시절이라 벌어졌던 해프닝이었다. 씻고 잠자리에 누우니 그때야 온몸에 피곤함이 몰려왔다. 그런데 나도 모르게 자꾸 웃음이 났다. 오늘 뜻밖에 생긴 2만 원이 나를 행복하게 했다.

행복은 그리 크지 않은 것에서도 충분히 느낄 수 있다. 하지만 우리는 살면서 그 사실을 종종 잊어버린다. 행복을 멀리서 찾고, 큰 것에서 찾기 때문이다. 그래서 잘 보이지 않는다. 주위를 한번 둘러보자. 마음을 비우고 주위를 둘러보면 잘 보이지 않던 행복이 내 옆에서 나를 빤히 쳐다보고 있을지도 모른다.

망쳐버린 시험,
인생의 새로운 시험이 시작되다

 내가 고등학교 1학년에 입학하는 해부터 입시제도가 바뀌었다. 1년 전까지만 해도 학력고사를 봤는데, 3학년 선배들부터는 학력고사가 아닌 지금의 수학능력시험을 봐야 했다. 수능시험 첫 회는 그나마 학년 중간에 한 번, 연말에 한 번 이렇게 두 번의 시험 중 좋은 결과를 성적으로 반영해서 대학 지원에 활용할 수 있었다. 그러나 그것도 한 해로 그치고 2학년부터는 연말에 시험을 한 번만 치루는 걸로 결정되었다. 그렇기에 수능은 수험생들에게 큰 부담으로 다가왔고, 그건 나에게도 마찬가지였다. 1학년을 마치고 2학년을 지나 어느덧 나도 수험생이 되었다. 공부를 썩 잘하지는 못했지만, 그래도 상위권을 맴돌고 있던 나는 수능을 보기 전, 친한 친구 몇 명과 함께 해군사관학교 시험을 먼저 보기로 했다. 우리는 비장한 각오로 밤샘 독서실까지 끊었다. 그런데 비장한 각오가 한순간에 비참하게 무너지는 엉뚱한 사건이 일어날 줄은 누가 알았을까. 한 사람의 결연한 각오는 다른 사람의 하찮은 유혹의 손길에 아주 쉽게 무너진다는 사실도 알게 되었다.

독서실에 다닌 지 며칠이나 지났을까. 어느 날 친구들이 머리도 식힐 겸 당구장에 간다고 나보고 같이 가자고 말을 걸어왔다. 나는 그때까지 당구장에 가본 적이 없었기에 사실 별로 가고 싶은 생각이 없었다. 그래도 가서 구경이나 해보라는 친구들의 말에 결국 함께 당구장을 가게 되었다. 처음 방문하는 당구장은 나에게 낯선 공간이었지만, 친구들과 함께 있으니 그냥 편안한 놀이 공간처럼 느껴졌다. 친구들이 당구를 치기 시작했고, 나는 뒤에서 그 모습을 지켜봤다. 그런데 친구들이 당구 치는 모습을 보니 그다지 어려워 보이지 않았다. 나는 평소 운동을 좋아해서 농구, 축구, 야구, 탁구 등 공으로 하는 운동을 금방 배웠고, 평균 이상의 실력 발휘를 했다. 그래서였을까? 한 게임이 끝나고 친구들이 나보고 한번 쳐보라는 권유에 나는 인생 처음으로 큐대를 잡았고, 당구 점수 '30점'의 애버리지로 당구에 입문했다. 그 후 나는 당구에 빠졌고, 방에 누워 있을 때조차 천장에서 당구공이 그려지는 경험까지 하게 되었다. 당구를 열심히 친 것과 반대로, 결국 우리는 그해 모두 해군사관학교 시험에서 떨어졌다. 그리고 지금 내 당구 실력은 그때와 거의 변함이 없다.

여름이 지나고 가을바람이 불어오면서 이제 수능시험이 점점 코앞으

두려움 너머 설렘의 꽃이 피다

로 다가오고 있었다. 나는 수능이 가까이 다가올수록 마음이 무거웠다. 해군사관학교 시험을 본다면서 친구들과 당구장에 다니느라 많은 시간을 허비했던 것이 후회됐다. 그것을 만회하기 위해 다시 공부를 열심히 한다고 했지만, 그래도 여전히 마음은 무겁기만 했다. 시간이 부족하다는 생각이 나를 불안하게 했다. 드디어 수능시험 전날이 됐고 나는 예비소집을 마치고 집으로 돌아와서 마무리 공부를 시작했다. 그러다 머릿속에서 '과연 잘 볼 수 있을까?', '잘 봐야 하는데…' 하는 생각이 들면서 자꾸 내 마음을 짓눌렀다. 수능시험은 잠을 잘 자고 컨디션이 좋아야 좋은 성적을 낼 수 있다는 이야기를 들었기에 나는 10시가 조금 넘어 잠자리에 들었다. 그러나 시간이 조금씩 흘러가는데 잠이 오지 않았다. 12시가 넘고 1시가 넘어도 잠을 잘 수가 없었다. 나는 점점 불안해지기 시작했다. 빨리 잠들어야 하는데 잠은 오지 않고 내일 시험을 망칠까 봐 더욱 불안감이 몰려왔다. 2시가 넘고 3시가 넘어가면서부터는 미치도록 불안해지기 시작했다. 4시, 5시가 넘어가면서 결국 나는 잠을 포기하고 시험을 치러야 했다.

　1교시와 2교시는 그래도 정신력으로 버티며 문제를 풀었다. 그렇다고 시험을 잘 봤다는 생각은 아니었다. 다만 걱정했던 것보다 나름 잘 버티고 있었다. 하지만 오후로 들어서면서 체력이 떨어지는 것이 느껴졌다. 잠을 한숨도 못 자고 신경을 쓰다 보니 점심도 먹히지 않았고, 그로 인해 에너지가 급속히 소진되었다. 가슴이 답답하고 불안한 마음에 문제에 집중이 안 됐다. 시간이 흐를수록 커지는 불안감이 나를 더 옥죄어왔고, 또 고삐 풀린 말처럼 사정없이 날뛰었다. 시계를 보니 문제를 다 풀지도 못했는데, 답안지를 제출할 시간이 다가왔다. 이제 풀어놓은 문제라도 답안 체크를 시작해야만 했다. 손이 사정없이 떨렸다. 혹시 실수라도 할까 봐 두려웠다. 평생 단 한 번의 시험으로 인생이 좌우된다는 생각은 나를 끝 모를 두려움으로 몰고 갔다. 모든 시험이 다 끝나고 집으로 돌아오면서 나는 하늘이 원망스러웠다. 망쳐버린 시험으로 인해 내 인생 또한 이미 망쳐진 것 같은 기분이었다. 삶에 경험이 부족했던 시절 수능시험에서의 실수는 그렇게 내 삶에 묵직한 좌절감을 안겨주었다.

홀로
훈련소에 가다

    수능 성적표를 받는 날, 나는 너무나도 예쁘고 사랑스러운 강아지와 밤새 뛰노는 꿈을 꿨다. 이게 어떤 의미일까? 꿈은 현실과 반대라고 하는데, 생각해보니 그것은 말 그대로 개꿈이었다. 예상은 했지만 생각한 것보다도 더 망쳐버린 시험 결과는 내 삶의 불확실성을 키워놓았다. 이제 어떻게 해야 할지 큰 고민에 휩싸였다. 재수를 하는 것은 여러 가지 면에서 나에게 힘든 선택이었고, 차라리 취업이 잘되는 전문대를 가는 것이 쉬운 선택처럼 보였다. 90년대 대한민국 사회 분위기는 뭔가 승승장구하는 느낌이 들었고, 특히 건설 관련 분야는 막노동 일자리까지 넘쳐나고 있었다. 나는 결국 전문대학 건축 관련 학과에 지원했고 합격했다. 그리고 나에게 1년이란 시간은 공부와 주말 막노동으로 쏜살같이 지나갔다. 1학년을 마치고 군대에 가야겠다고 생각하고 있었기에 나는 바로 군대에 지원했다. 가능한 한 빨리 가고 싶었지만, 같은 기간 지원자가 많아 입영 날짜가 생각했던 것보다 늦게 잡혔다. 그 후, 시간이 어떻게 흘러갔는지 모르게 어느덧 입소 전날이 되었다.

나는 논산으로 가는 저녁 기차를 미리 예매해두었고, 저녁 식사 후 어머니와 동생에게 인사를 하고 영등포역으로 출발했다. 영등포역에는 군대 가는 나를 배웅한다며 이미 친구들 몇 명이 나와 있었다. 친구들에게 고마운 마음과 함께 왠지 모를 군대 생활에 대한 두려움이 내 마음을 흔들었다. 앞으로 군대에서 어떤 일이 벌어질지 모르는 막연함 속에서 오는 두려움이었다. 나는 아무 동행 없이 훈련소까지 혼자 가기로 마음의 결정을 내린 상태였다. 왠지 그러고 싶었다. 가족과 친구들에게도 이미 그렇게 말해두었기에 그들의 배웅도 여기까지였다. 저녁 8시 20분 논산으로 향하는 기차가 철로에 들어섰다. 이제 이 기차를 타면 내일부터 나는 26개월 동안 군인 신분으로 살아야 했다. 기차가 논산을 향해 서서히 움직이기 시작했고 나의 미지의 여행도 시작되었다.

논산역에 도착해서 먼저 숙소부터 잡았다. 바로 잠이 오지 않을 것 같아서 잠시 숙소 근처를 걸으면서 이런저런 생각을 했다. 어차피 피할 수 없다는 걸 알기에 나는 지금의 상황을 그저 담담히 받아들이고 있었다. 고개를 들어 하늘을 보니 날이 맑아서인지 별들이 많이 보였다. 서울 도심에서는 신경을 써서 봐도 잘 보이지 않던 별이 이곳에서는 잘 보인다는 것을 새삼 느낄 수 있었다. '밤이 어두울수록 별은 더 빛난다'는 말이 떠올랐다. 다음 날 아침, 훈련소에 다다르니 많은 인파가 눈에 들어왔다. 가족, 친구들이 입대하는 이들을 마지막 순간까지 조금이라도 더 눈에 넣어보겠다고 애쓰고 있었다. 낯선 곳에 간다는 것, 그것도 홀로 간다는 것이 어떤 때는 홀가분하게 느껴진다. 나에게 홀로 훈련소에 가는 것이 그랬다. 훈련소 입구에서 많은 인파가 서로 눈물을 흘리며 이별하는 장면을 보면서 나는 그런 생각이 들었다.

어쩌면 인생에서 가장 소중한 여행은 혼자 떠나는 여행일 수 있다. 인생에서 가장 소중한 깨달음은 홀로 있는 고독과 함께 온다. 인생에서 가장 소중한 지혜도 누가 심어주는 것이 아니라 혼자 터득하는 것이다. 홀로서기를 반복할 때 힘든 일도 아랑곳하지 않고 홀로 버티고 견뎌낼 수 있는 내공이 생긴다. 그럴 때 비로소 다른 사람을 도와줄 수 있는 위치에 설 수 있다. 내가 홀로 훈련소에 와서 군대라는 미지의 여행을 떠나는 것도 나에게는 하나의 홀로서기 과정이었다.

모든 삶은
두려움과 설렘의 이중주다

1

두려움을 안고 시작한 영업,
설렘이 자라는 텃밭이 되다

내 이름에서 건져 올린 좌우명,
의미심장하게 다가오다

97년 4월 7일, 두려움과 막연함으로 시작됐던 군대 생활이 어느덧 1년 6개월쯤 흘러 가을로 접어들고 있었다. 군대에서는 '시계를 거꾸로 매달아 놓아도 시간은 간다'고 했는데, 그 말이 조금 실감이 났다. 어느 날 오후, 나는 후임 한 명과 함께 외곽초소 보초 근무를 서게 되었다. 초소가 건물 2층 높이쯤 되다 보니 초소에서 주변을 바라보면 눈앞에 논도 보이고, 작은 냇물도 보였다. 나는 흐르는 냇물을 한동안 바라보면서 문득 이런 생각이 들었다. 내 이름 '학수'는 배울 학(學), 물가 수(洙) 자로 풀어보면 '물에서 배운다'는 뜻인데, 물에서 무엇을 배울 수 있을까? 왜 돌아가신 아버지는 내 이름을 이렇게 지어주셨을까? 나는 보초 근무를 서며 어차피 시간도 많았기 때문에 물에서 무엇을 배울 수 있을지 한참을 생각해봤다.

첫째, 물은 생명의 근본이고 어디서든 꼭 필요한 존재다. 물이 없으면 어떤 생물도 성장할 수 없고 생명을 유지할 수 없다. 지구의 2/3가 물이라고는 하지만 마실 물은 점점 부족해지고 있다. 세상에는 사람은 많지만, 인재는 드물다고 한다. 여기서 말하는 인재란 어떤 사람일까? 깊은 뜻이야 잘 모르겠지만, 적어도 세상에 필요한 사람임에는 틀림이 없다. 세상에 인재란 물과 같은 사람이다. 어디서든 꼭 필요하고 누군가에게 도움이 되는 그런 사람이다. 물은 어디서든 꼭 필요한 존재가 되라는 교훈을 담고 있다.

둘째, 물은 환경을 탓하지 않는다. 우리 속담에 "잘되면 제 탓, 안되면 조상 탓"이라는 말이 있다. 이래저래 환경을 탓하고, 상황을 탓하는 핑계에 일침을 가하는 말이다. 물은 그릇이 네모라고, 그릇이 세모라고 환경을 탓하지 않는다. 자신을 그릇에 맞추며 어떤 상황도 잘 적응하고 극복해나간다. 물은 또한 자기보다 타자(他者) 중심적이다. 자기에게 맞추라고 강요하지 않고 먼저 자신을 다른 사람의 요구에 맞추는 솔선수범의 전형이 물이다. 환경 탓하지 말고 자신을 환경에 맞출 줄 알라는 물의 가르침이다.

셋째, 물은 변화무쌍하지만, 본질은 변하지 않는다. 물은 고체, 액체, 기체로 자신의 형태를 바꾸면서 하늘 위로, 땅 위로, 바다로 변화무쌍하게 움직이며 다닌다. 지구상에 이렇게 변화무쌍한 존재가 또 있을까? 하지만 그럼에도 그 본질은 변하지 않는다. 백 년 전에도, 만 년 전에도 물은 변함이 없었다. 사람 중에도 물과 같은 사람이 있다. 변화무쌍하면서도 한결같은 마음으로 자신의 삶을 개척해나가는 사람들이다. 물은 우리에게 변화무쌍하면서도 한결같은 마음으로 자신의 삶을 개척하며 살라는 가르침을 준다.

넷째, 물은 부드러우면서도 강함을 지니고 있다. 고요하고 잔잔한 물에는 부드러움이 있다. 마치 그 부드러움은 어미의 사랑처럼 모든 생물을 자라게 하고 목마름을 적셔준다. 한마디로 평온 그 자체다. 하지만 물은 지구상에서 가장 강도가 높은 다이아몬드를 쪼갤 수 있는 강한 힘을 가지고 있다. 그뿐 아니라 물은 세상을 뒤집어놓을 만한 거대한 힘도 지니고 있다. 거대한 비바람을 몰고 오는 태풍이 하나의 예다. 쉴새 없이 쏟아지는 빗줄기는 가끔 세상을 뒤집어놓는다. "불 난리보다 물 난리가 더 무섭다"라는 이야기가 괜히 나오는 말이 아닌 듯하다. 물은 마치 약자에게 한없이 부드럽고 강자에게 더 없이 강한 면을 보여주는 사람 같다. 물은 외유내강의 미덕을 몸에 지니고 다니라는 삶의 자세를 알려준다.

다섯째, 물은 높은 곳에서 낮은 곳으로 흐른다. 물이 높은 곳에서 낮은 곳으로 흐른다는 사실은 누구나 안다. 누구나 알고 인정할 수 있는 것이 바로 이치다. 물은 이치를 안다. 그리고 종국에는 바다로 흘러간다. 물이 바다로 흐르는 이유는 바다가 가장 낮은 곳에 있기 때문이다. 바다는 또한 모든 것을 받아준다. 모든 것을 다 받아주기 위해서는 바다처럼 가장 낮은 곳에 임해야 한다. 바로 그 마음의 자세가 겸손이다. 겸손하면 모든 것을 받아줄 수 있는 포용력이 생긴다. 물에는 겸손함으로써 넓은 포용력을 지니라는 삶의 철학이 들어 있다.

여섯째, 물은 끊임없이 흐르고, 고이면 썩는다. "구르는 돌에는 이끼가 끼지 않는다"와 "흐르는 물은 썩지 않는다"는 말에는 공통점이 있다. 바로 움직임이다. 움직임은 살아 있다는 증거다. 물의 본질은 멈추지 않고 흐르는 데 있다. 흐르지 않고 어딘가에 멈춰서서 고이기 시작하면 물은 본질을 잃어버린다. 사람도 마찬가지다. 배움도, 변화도 없이 하루하루 살다 보면 영혼이 시들해져간다. 물은 끊임없이 배우고 도전하라는 가르침을 준다. 물은 현실에 안주하지 말고 어제보다 더 나은 내가 되라고 깨우침을 준다.

일곱째, 물은 세상에 더러운 곳을 씻겨준다. 보통 사람은 더럽고 냄새나는 것을 피한다. 그런데 어떤 이는 그런 곳을 찾아가 자신이 할 수 있는 도움을 준다. 그것은 사랑이 없으면 할 수 없는 일이다. "사랑한다는 것은 상대방의 아픔을 느끼고 상대가 더 이상 고통스럽지 않게 상대를 위해 내가 기꺼이 수고로움을 자처하는 것이다"라는 철학자 강신주 박사의 말에서 물과 같은 사람이 떠오른다. 물은 아무리 더러운 사물이나 장소라고 할지라도 자신의 몸을 던진다. 머뭇거리지 않고 그곳으로 달려가 그것을 깨끗하게 변화시켜준다. 물은 그로 인해 자신의 온몸이 더러워지는 것을 개의치 않는다. 물은 타인의 아픔을 씻겨주고 힘이 되어주라는 소중한 인생 교훈을 가르쳐준다.

마지막으로, 물은 흩어진 것을 뭉쳐주는 역할을 한다. 밀가루, 쌀가루, 메밀가루 등 흩어진 가루를 반죽할 때 반드시 물을 넣는다. 서로가 고체 상태로 분리되어 있다가도 물을 매개로 뒤섞으면 이전보다 더 견고한 공동체나 연대가 생긴다. 물이 지닌 마력이 아닐 수 없다. 사람 중에도 물과 같은 사람이 있다. 자신을 내세우지 않으면서도 조직을 하나로 똘똘 뭉치게 하는 사람들이다. 과거의 리더들이 자신을 전면에 내세우며 나를 따르라는 식으로 조직을 이끌었다면, 요즘은 자신의 존재를 잘 드러내지 않는 물과 같은 리더가 인기다. 물은 자신을 내세우지 않고 각 개체를 하나로 뭉치게 만드는 화합의 리더쉽을 몸소 보여주며 리더가 가져야 할 덕목을 가르쳐준다.

이처럼 물에서는 배울 게 너무도 많다. 그래서 나는 내 이름처럼 살고 싶어졌다. 물처럼 살고 싶어졌다. 그리고 이것이 내 좌우명이 되었다. '물처럼 살자' 내가 좌우명을 이야기하면 처음에 사람들은 별 느낌을 못 받는다. 심지어는 "물에 물 탄 듯 술에 술 탄 듯"이라고 비꼬듯 이야기하는 사람도 있었다. 하지만 물에서 무엇을 배울 수 있는지를 이야기하면 그제야 고개를 끄덕인다. 다른 사람들이 뭐라고 해도 나는 내 이름처럼 살 것이다. 물처럼 살 것이다.

인생에 좌우명이 있다는 것은 삶의 방향을 잡아주는 데 도움이 된다. 복잡한 세상 속에서 내 마음은 갈대와 같이 흔들릴 때가 많다. 갈대가 바람에 이리 흔들리고 저리 흔들리듯 내 마음이 갈피를 못 잡을 때 좌우명은 내 마음에 중심을 잡아준다. 고려 시대 최영 장군은 "황금 보기를 돌 같이 하라"는 아버지의 격언을 늘 가슴에 심고 다녔다. 하지만 요즘 세상은 사람은 못 보고, 돌 보기를 황금 보듯 하는 것 같아서 안타까운 마음이 든다.

책과의 우연한 만남은 운명도 바꾸는 혁명이다

나의 군대 생활도 몇 개월 후면 끝을 예고하고 있었다. 흔히 군대 가면 철든다고 했는데, 나도 철이 좀 들어가는지 인생에 대해 깊이 고민하기 시작했다. '나는 누구인가? 나는 왜 여기에 존재할까? 내가 진정 좋아하는 것은 무엇인가? 내가 진정 원하는 삶은 어떤 삶인가?' 등의 생각과 함께 군대 전역 후, 다가올 현실적 고민에 휩싸이게 되었다. 사실 내 꿈은 국어 선생님이 되는 거였다. 반드시 되겠다는 굳은 의지는 없었지만, 그렇게 되면 좋겠다고 생각을 했었다. 하지만 나는 원치 않는 학교, 학과에 다니고 있었기에 '계속 이 길로 가면 행복할까? 평생 후회하며 살지는 않을까? 바꾸려면 지금 다시 도전해야 하지 않을까?' 하고 계속 나에게 질문을 던지기 시작했다. 다른 한편으로는 '그냥 이 길을 계속 가는 것이 쉬운 길이 아닐까? 내가 다시 시험을 본다고 선생님이 된다는 보장도 없잖아'라는 생각이 내 머릿속을 복잡하게 했다.

그런 고민에 휩싸이고 있을 때, 나는 우연히 책 한 권을 발견했다. 나카타니 아키히로가 쓴 《20대에 하지 않으면 안될 50가지》[4]라는 제목의 책이었다. 내가 삶에 대해 깊이 고민하고 있던 때라서 그런지 이 책은 제목부터 내 마음을 사로잡기에 충분했다. '책 속에 내 고민을 해결해줄 비결이라도 숨겨져 있지 않을까' 하는 마음으로 책을 천천히 읽어나가기 시작했다. 그러던 중, 나는 "실패가 두려워서 도전하지 않는 것은 어리석은 일이다"라는 내용을 읽고 책 읽기를 잠시 멈추고 생각에 잠겼다. '선생님이 되고 싶다고 하면서 왜 다시 도전하지 못 하는 걸까?' 나는 내 마음속에 숨어 있는 진실을 자세히 들여다봤다. 나는 실패가 두려웠다. 결국은 그거였다. 실패가 두려웠기 때문에 도전하지 못하는 거였다. 다른 것은 모두 핑계일 뿐이었다. 나는 내 마음의 진실을 알고 마음의 결정을 내렸다. '그래, 도전하자!' 그때부터 내 마음속에서는 왠지 모를 설렘이 싹트기 시작됐다. 그리고 얼마 지난 99년 6월 6일 현충일, 나는 민간인이 되었다.

실패가 무서워 도전조차 못 할 때가 많다. 하지만 도전하지 않으면 아무것도 얻을 수 없다. 배는 항구에 있을 때 가장 안전하지만 배는 그런 목적으로 만들어지지 않았다. 인생도 마찬가지다. 어쩌면 우리는 엄마 배

---

4 《20대에 하지 않으면 안될 50가지》, 홍익출판사, 나카타니 아키히로 지음, 이선희 옮김 (1997).

속에서 세상에 나오는 순간부터 이미 인생 항해가 시작된 것일지도 모른다. 그리고 때로는 우연히 만난 책 한 권이 새로운 항해를 열어주기도 한다. 그것이 작가들이 책을 쓰는 이유 중 하나일 것이다. "어느 날 한 권의 책을 읽었다. 그리고 나의 인생은 송두리째 바뀌었다." 노벨 문학상 수상자, 오르한 파묵(Orhan Pamuk)의 《새로운 인생》[5]에 나오는 말이다. 한 사람의 운명은 책을 만나기 전과 후로 나뉜다. 우연히 잡은 책 한 권이 한 사람의 운명을 바꾸는 혁명으로 이어질지는 사전에 아무도 모른다. 사람도 마찬가지다. 우연히 마주친 한 사람과의 만남으로 인해 내 삶도 송두리째 바뀔 수 있다.

좌절에 절망하지 않으면 언젠가는 희망으로 바뀐다

군대 전역을 하자마자 나는 배수진을 쳤다. 돌아갈 곳이 없어야 앞으로 강하게 나아갈 것 같아서 다니던 학교를 자퇴했다. 이제 진짜 5개월 남짓 남은 수능시험에 모든 승부를 걸어야 했다. 결연한 각오로 막상 공부를 시작했지만, 시간이 지나면서 시험을 잘 봐야 한다는 부담감이 내 마음을 짓눌렀다. 여름이 지나 찬 바람이 불어오기 시작하면서 이제 수능이 코앞으로 다가오는 것을 실감할 수 있었다. 안 그래야지 하면서도 준비가 부족하다는 생각이 들 때면 불안감이 몰려왔다. 이번에 안 되면

---

5 《새로운 인생》, 민음사, 오르한 파묵 지음, 이난아 옮김(2006).

나는 다시 돌아갈 곳이 없었기에 무조건 시험을 잘 봐야 한다는 부담감이 내 마음을 자꾸 찍어 눌렀다. 어느덧 수능시험 전날이 되어 예비소집을 마치고 집에 돌아와서 마무리 공부를 하던 중이었다. 그때 문득 4년 전 수능시험 전날, 잠을 한숨도 못 잤던 기억이 떠올랐다. '오늘도 그러면 안 되는데, 오늘은 일찍 잠들어야 하는데' 하는 생각에 불안한 마음이 들었다.

저녁이 되면서 나는 도저히 불안한 마음에 이대로는 안 되겠다 싶어서 약국에 가서 수면제를 샀다. 수면제의 힘을 빌려서라도 편히 자고 싶었다. 밤이 되고 10시가 넘어 수면제를 한 알 먹고 잠자리에 누웠다. 1시간쯤 지났는데도 잠이 들지 않았다. 그래서 한 알을 더 먹었다. '이제 곧 잠이 들겠지'라고 생각하며 누워 있는데 이상하게도 12시가 넘어도 잠을 못 이루고 있었다. 불안감은 밤이 깊을수록 해소되지 않고 오히려 설상가상으로 상황은 더 안 좋아지기 시작했다. 이대로 가다가는 수능이라는 거사 앞에서 스스로 무너질 것 같은 불길한 예감이 엄습했다. 1시, 2시가 넘어가면서 내 마음속에서는 엄청난 불안감이 휘몰아쳤다. 그리고 3시, 4시가 넘어가면서는 정말 미쳐버릴 것 같은 극도의 불안감에 두려움이 몰려왔다. 5시가 넘어서면서 결국 나는 또 잠을 포기하고 시험을 치러야 했다. 나는 평소에도 신경이 좀 예민해서 중요한 날을 앞두고는 잠을 잘 못 이루곤 했다. 하지만 이렇게 수면제까지 먹었는데도 잠을 못 잔 것에 대해 큰 한숨이 나왔다.

나는 훗날 이런 생각까지 들었다. '내가 수능시험을 잘 보는 것이 하늘의 뜻이 아닌가? 어떻게 인생에서 중요한 시험을 볼 때마다 잠을 한숨도 못 잘 수 있을까?' 나는 원하는 대학에 떨어졌고, 눈물이 핑 돌았다. 그때 당시 나는 수능시험을 잘 보는 것이 내가 원하는 인생을 살아가는 데 가장 중요한 요소라고 생각했다. 그런데 세상을 살다 보니 그건 인생에서 생각보다 중요한 것이 아니었음을 깨달았다. 그리고 세상은 내 뜻대로 잘되지 않음도 깨달았다.

인생을 살면서 때로는 좌절도 맛볼 수 있다. 하지만 그때 중요한 것은 다시 일어설 용기가 있느냐 하는 것이다. 넘어졌다고 좌절하고 주저앉아 버리면, 그것은 그야말로 좌절로 끝난다. 하지만 다시 용기 내어 나아갈 때, 인생에는 새로운 길이 열린다. 그것은 기업도 나라도 마찬가지다. 대한민국은 6.25 전쟁의 폐허 속에서 좌절을 극복하고 가장 단기간에 선진국에 진입했다. 좌절하지 않았고 희망을 놓지 않은 결과다. 절망적인 상황에서도 꿈으로 향하는 의지의 끈을 놓지 않는 이상, 언젠가는 정상으로 가는 희망은 꿈틀거리기 시작한다. 좌절에 절망하지 않으면 언젠가는 희망으로 바뀐다.

두려움 너머 설렘의 꽃이 피다

해보지 않고
미래를 내다보는 방법은 없다

원하던 대학에 떨어지고 나는 깊은 고민에 빠졌다. 이제 무엇을 해야 할까? 어떻게 살아야 할까? 이런 고민을 하고 있을 때, 내가 가장 좋아하던 군대 선임으로부터 전화가 왔다. 우리는 훈련소를 마치고 각자 후반기 교육을 받고, 같은 날 같은 부대에 배치받은 동기였다. 선임은 나보다한 달 앞선 군번이었고 나이는 나보다 두 살이 더 많았다. 선임은 자기가이벤트 회사에 들어갔는데, 이번에 자기 회사에서 포천에 있는 스키장에서 하는 큰 행사를 맡았다고 했다. 그리고 일손이 모자라서 일을 도와줄아르바이트 직원이 몇 명 필요한데, 나보고 일주일만 도와달라는 얘기였다. 일당도 만족스럽게 준다고 하니 나는 큰 고민 없이 전화상으로 승낙을 했다. 사실 나는 그때 그 전화가 반가웠다. 시험에서 좌절을 맛본 후라머릿속이 복잡한 상태였기 때문이었다. 약속 당일, 나는 일주일 동안 있을 짐을 챙겨서 선임이 얘기해준 송파구청 앞에 오전 8시 전에 미리 와서 대기하고 있었다. 근처에는 나처럼 짐을 싸서 온 것 같은 사람들이 몇 명 보였다. 8시가 조금 넘어 사거리 길 건너편에서 선임의 모습이 보였다. 선임은 나에게 손을 흔들었고 이에 나도 반가운 마음에 같이 손을 흔들었다.

전역 후 가끔 통화는 했지만, 얼굴은 처음 보는 거라 왠지 더 반가웠다. 선임은 자기가 내 짐을 들어준다면서 내 가방을 둘러메고 걸음을 재촉했다. 나도 옆에서 따라 걸었다. 잠시 걷던가 싶더니 갑자기 선임이 시간이 좀 남았다며 잠시 커피숍에 들어가서 몸 좀 녹이자고 했다. 커피숍에는 이른 아침인데도 몇몇 테이블이 채워져 있었다. 커피를 시켜놓고 잠시 기다리고 있을 때, 선임은 나의 안부와 어머니 안부를 물었고, 집에 뭐라고 이야기하고 왔냐고 해서 나는 선임에게 들은 사실 그대로 포천 스키장에 이벤트 행사 아르바이트를 하러 간다고 말했다고 했다. 커피가 나오고 잠시 이런저런 이야기를 나누다 갑자기 선임이 커피잔을 한쪽으로 치우더니 진지한 눈빛으로 나를 보며 사실 나에게 진지하게 이야기해 줄 게 있다고 말했다. 나는 선임이 무슨 말을 할지 전혀 감이 잡히지 않았다. 그런데 갑자기 선임이 오늘 사실 스키장에 가는 게 아니라고 말하며 나에게 소중한 것을 주고 싶은데 네가 직접 가야 줄 수 있다고 했다. 그러면서 자기 믿고 자기랑 일주일만 같이 있으면 그 소중한 걸 네가 얻을 수 있다고 말했다. 이게 무슨 소린가? 스키장에 아르바이트 간다고 알고 왔는데 그게 아니면 무엇일까? 너무도 갑작스럽고 예상치 못했던 상황이라 나는 매우 당황스러웠다. 순간 머릿속이 복잡해졌다.

그 짧은 순간, 나는 이런 생각까지 들었다. '선임이 조폭 그룹에 들어갔는데, 아주 중요한 임무를 맡았고, 믿을 만한 사람이 필요하고, 어떤 임무를 잘 해결하면 큰 보상이 따르는가 보다.' 나는 순간 망설였다. 두려웠다. 무슨 일이 벌어질지 몰랐기에 두려웠다. 선임은 다시 한번 큰 눈으로 진지하게 자신만 믿으면 아무 일도 없을 것이고, 네가 꼭 그 선물을 받아가길 바란다고 말을 이었다. 나는 결국 군대 선임이자 내가 신뢰했던 형을 믿고 같이 가겠다고 대답했다. 삶에 무슨 일이 벌어질지 모르는 두려움, 그것도 목숨과 연관된 것이라면 두렵지 않을 수 없다. 나는 그때 무슨 생각으로 그런 결정을 내렸는지 돌이켜 생각해봤다. 선임이 내게 보낸 진지한 눈빛과 그동안 선임이 내게 주었던 신뢰가 나를 움직이게 했던 것 같다. 사람은 신뢰할 수 있으면 목숨의 위협까지도 함께할 수 있다는 것을 나는 그때 처음 알았다. 나는 그렇게 목숨 걸고 사회에 첫발을 내디뎠다.

뭐든지 두려움 앞에서 망설이고 의사결정을 미루다가는 될 일도 되지 않는다. 일단 도전하면서 겪은 시행착오가 다음 기회에 올 판단 착오도 줄여준다. 해보면 하지 않고 책상에 앉아서 생각하는 것보다 훨씬 더 많은 가능성을 몸으로 배울 수 있다.

사람은 사람과 더불어 행복해지는 존재다

군대 선임은 나를 데리고 어느 건물 지하로 내려가기 시작했다. 계단을 내려가니 몇 명의 사람들이 복도에 서 있는 게 보였고 나를 보며 반갑게 인사를 해주었다. 어떻게 된 일인지 그들은 내 이름까지 알고 있었다. 그러면서 나는 어느새 낯선 강의실에 앉게 되었다. 어리둥절해하고 있는 내 앞에 또 다른 사람들이 다가와서 인사하며 선임과의 관계나 기억도 안 나는 몇몇 질문을 하기 시작했다. 이건 내가 서울로 처음 전학 왔을 때 겪었던 상황보다 더 이해가 안 가는 상황이었다. 주위를 천천히 둘러보니 정면에는 글씨를 쓸 수 있는 넓은 화이트보드가 보였고, 벽면에는 알 수 없는 포스터가 몇 장 붙어 있었다. 잠시 후 사람들이 조금씩 더 들어왔고, 그들의 모습을 지켜보니 내가 조금 전 겪었던 것처럼 앉아 있는 사람을 중심으로 몇 명이 둘러 이런저런 이야기를 나누고 있었다. 나는 도대체 여기가 어딘지 궁금했다. 선임에게 여기가 어딘지 물어보니 여기가 선임이 나에게 줄 소중한 곳이 있는 장소라고 말하면서 집중해서 잘 들어보라며 당부했다. 9시쯤 되니 한 사람이 앞에 서서 인사를 하고 사업 설명회에 오신 걸 환영한다는 인사로 설명을 시작했다. 나는 선임의 부탁도 있고 해서 누구보다 설명을 잘 들었다. 그리고 오후가 되어서야 나는 여기가 그동안 매스컴에서 봤던 다단계 사업장이라는 것을 알게 되었다. 사실 나는 다단계가 뭔지 잘 몰랐기에 부정적인 인식도 거의 없었다. 하지만 몇몇 사람은 중간에 씩씩거리며 나가서는 들어오지 않기도 했다.

나는 선임과의 약속을 하루하루 잘 지켰고, 수요일쯤 되어서야 선임이 주려고 했던 것이 무엇인지 알 수 있었다.

군대 선임이 나에게 주고자 했던 것은 함께 잘되고자 하는 마음이었고, 소망을 이룰 수 있는 시스템이었다. 훗날 생각이 바뀌었지만 적어도 그때 나는 그렇게 생각했다. 선임은 함께 잘살아보자고 나를 선택한 거였다. 금요일 마지막 날 오후 시간, 많은 사람이 넓은 사업장에 함께 모여 앉았다. 그 안에는 나처럼 초대받아 손님이라 불리는 사람들과 기존에 이미 이런 과정을 거쳐 사업을 진행하고 있는 사업자들이 함께 모여 마지막 선택의 시간을 앞두고 있었다. 진행자가 마이크를 잡고 함께 사업을 할 사람은 앞으로 나와달라고 말했다. 이 말에 나처럼 초대받은 사람 몇 명이 일어서서 앞으로 나갔고, 나도 일어서서 앞으로 나갔다. 진행자가 이들을 초대한 사업자들도 앞으로 나오라고 했다. 선임은 내 옆으로 와서 섰고 손을 꼭 잡으며 이렇게 말했다. "꼭 같이 성공하자!" 사실 나는 커피숍에서 엉뚱한 상상을 하며 목숨까지 걸 마음으로 선임을 따라나섰는데, 다행히 그게 아닌 것에 감사했다. 그리고 내가 좋아하는 사람들과 함께 잘살 수 있다는 희망이 나를 설레게 했다. 나는 늘 지인들과 함께 잘사는 것을 꿈꾸며 산다. 거창하게 부자가 되지 않아도 어느 정도 먹고살 만하면 된다고 생각했다. 하지만 지금은 조금 더 욕심이 생겼다. 이왕이면 잘살아서 많은 이들에게 도움을 줄 수 있으면 좋겠다는 생각이다.

3부 · 모든 삶은 두려움과 설렘의 이중주다

《혼자만 잘 살믄 무슨 재민겨》[6]라는 책이 있다. 농부작가 전우익 선생이 쓴 책으로, 나는 이 말에 깊이 공감이 간다. 사람은 혼자서는 살 수 없다. 인간(人間)도 사람과 사람 사이라는 의미 아니던가. 사람은 더불어 살아가는 존재다. 주변에 좋은 사람이 많으면 그 사람도 좋은 사람이 되는 법이다. 사람과 사람 사이에서 우리는 새로운 꿈을 꾸고 함께 이루어나가며 더불어 행복을 느끼는 존재다. 그런데 혼자만 잘살면 그게 과연 재밌고 좋을까? 우리는 어렸을 때 지금보다 훨씬 가난했지만, 나름 행복했었다. 희망이 있었고 우리 옆에서 같이 뛰어놀던 친구도 있었다. 행복이라는 의미도 누군가와의 관계 속에서 느끼는 삶의 미덕이다. 나만 행복하고 나와 관계되는 다른 사람이 불행하면 무슨 소용이 있겠는가. 하지만 지금은 많은 사람이 행복을 잃어버린 것처럼 보인다. 왜 이렇게 됐을까? 집안의 벽이 두꺼워지고 사람과 사람 사이의 벽이 두꺼워진 탓이 아닐까? 상부상조했던 우리 선조들의 정신이 우리에게 묻는 것 같다. 혼자만 잘살면 무슨 재미가 있냐고.

---

6 《혼자만 잘 살믄 무슨 재민겨》, 현암사, 전우익(1993).

두려움 너머 설렘의 꽃이 피다

노력의 축적은
언젠가 성공을 낳는다

첫 출근을 하는 날, 나는 군 생활을 한 번 더 한다는 마음의 각오로 회사에 출근했다. 그리고 그날 나는 상위 사업자로부터 이런 이야기를 들었다. "100일만 첫차를 타고 출근하면 성공할 수 있어요." 나는 그 말을 믿고 100일간 첫차를 타고 출근하기로 마음먹었다. 당시 내가 살던 집은 구로역과 대림역 중간 정도에 위치해 있었는데 잠실로 오기에는 같은 2호선인 대림역이 편했다. 첫차를 알아보니 5시 34분 출발이었다. 다음 날부터 4시 30분에 일어나 가볍게 밥을 먹고 걸어서 대림역으로 출발했다. 나는 지하철 플랫폼에 들어선 순간, 깜짝 놀랐다. 첫차를 타기 위해 새벽부터 이렇게나 많은 사람들이 지하철을 기다리고 있을 줄은 전혀 생각지도 못했기 때문이었다. 그 후에도 차가 들어오기 전까지 사람들은 계속 플랫폼으로 몰려들었다. 이미 앉을 자리가 없었고, 서 있는 사람이 앉아 있는 사람 숫자보다 많아졌다. 그들은 매일같이 첫차를 타고 어디론가 출근하는 사람들이었다. 몇몇 사람은 서로 보면서 인사까지 하는 걸 보니 아는 사이 같아 보였다. 그렇게 나도 성공이라는 꿈을 향해 매일 첫차에 몸을 싣고 출근했다. 그러면서 왠지 성공할 수 있을 것 같은 기분이 들었다.

어느 날, 나는 깜빡하고 5시가 조금 넘어서야 잠에서 깼다. 시간을 보니 잘못하면 첫차를 놓칠 수 있는 상황이었다. 부리나케 씻고 옷을 입고 끼니도 거른 채 헐레벌떡 집을 나섰다. 시계를 보니 5시 20분이 넘어 있었고, 첫차를 타기 위해서는 서둘러야 했다. 집에서 대림역까지 걸어서 약 15분 정도 걸렸기에 5시 34분 첫차를 타기 위해 뛰기 시작했다. 한참을 뛰다가 횡단보도 앞에 멈춰 서서 숨을 고르고 신호가 바뀌자마자 다시 뛰기 시작했다. 이제 역까지 200m쯤 남았을 때 혹시나 하고 뒤를 한 번 돌아보았다. 전철이 저 멀리서 달려오는 모습이 보였다. 대림역은 지상으로 지하철이 다녔기 때문에 나는 지하철을 보는 순간 전속력으로 달리기 시작했다. 계단을 급히 오르고 개찰구를 지나 다시 미친 듯이 계단을 뛰어올랐다. 숨을 헐떡이며 계단 끝에 막 올랐을 때 지하철이 속도를 줄이며 서서히 선로로 진입하고 있었다. 지하철 문이 열리고 무사히 첫차를 탈 수 있었다. 한동안 몰아치는 숨을 진정시키며 나는 생각했다. '그래, 성공으로 한 발 더 다가선 거야.' 나는 결국 100일이 넘게 하루도 빠짐없이 첫차를 타고 출근했지만 성공하지는 못했다. 하지만 나는 자신과의 약속을 지키기 위해 쏟아부었던 그때 그 열정이 내 몸 어딘가에 저장되었다고 생각한다. 그리고 언젠가 그 열정이 부활해서 성공을 낳을 거라 믿는다.

　세상에는 열심히 사는 사람들이 많다. 열심히 사는 만큼 행복도 그에 비례하면 좋겠지만, 삶은 그렇지 못한 것 같다. 언젠가 〈힐링캠프〉라는 프로그램에 법륜 스님과 YB밴드 윤도현이 함께 출연한 적이 있다. 그때 윤도현은 법륜 스님에게 이번 음반 작업은 그 어느 때보다 열심히 했는데 결과는 그에 한참 못 미친다며 그 이유를 법륜 스님께 물었다. "왜 그럴까요?" 이에 법륜 스님은 나의 노력이 내가 원하는 때에 결과로 돌아온다는 보장은 없다고 말씀하셨다. 대신 노력이 축적되면 언젠가는 결과가 돌아올 수 있다고 말씀하셨다. 마치 통장에 적금을 부으면 언젠가 만기가 되어 돌아오는데, 다만 우리는 그 만기가 언제인지 잘 모른다는 것이다. 나는 그 이야기를 들으면서 뭔가 느껴지는 게 있었다. 영업 일을 하다가 그런 경우를 여러 번 경험했기 때문이다. 정말 열심히 노력했던 달에는 결과가 좋지 않았지만, 꾸준히 열심히 하다 보니 그다음 달에는 생각보다 좋은 결과로 이어지는 경우가 많았다.
　우리는 보통 노력이 빠른 결과로 나오지 않으면 실망하게 된다. 그리고 때로는 도중에 포기하기도 한다. 하지만 성공도 적금처럼 꾸준히 노력하면 언젠가는 만기가 되어 돌아온다는 사실을 잊지 않으면 좋겠다. 평소에 축적한 흔적은 사라지지 않고 성공을 향하는 길목에서 나를 기다린다. 어느 날 갑자기 성공한 사람은 없다. 다만 그렇게 보일 뿐이다. 성공도 성장도 꾸준히 노력하면서 축적한 흔적이 만들어낸 결과다.

번데기 과정 없이 나비가 될 수 없다

다단계 일을 1년쯤하고 나니 나는 경제적으로 어려워지기 시작했다. 어머니는 몸이 좀 안 좋아지셔서 일을 그만두셨고 동생은 군대에 간 상태였다. 그래서 내가 돈을 벌지 않으면 생활이 안 되는 상황이었다. 그런데 사실 1년 동안 돈을 벌기는 고사하고 오히려 마이너스가 나고 있던 실정이었다. 이제 삶에서 또 한 번의 결정을 내려야 하는 상황이 오고 있음이 느껴졌다. 답답한 마음에 주말에 한강 둔치를 찾아갔다. 강물은 유유히 흐르고 추운 날씨라 그런지 사람들은 생각보다 많지 않았다. 나는 잠시 한강을 따라 걷다가 물에 가까이 다가갔다. 그리고 바닥에 앉아서는 한참을 강을 바라보며 이런저런 생각에 잠겼다. 그 순간은 마치 세상에 나와 눈앞에 흐르는 강만 존재하는 것 같았다. 나도 이 강물처럼 어디론가 흘러가고 있을 텐데, 그게 어디인지 알 수 없었다. 시간이 어느 정도 흐른 후 다시 걷기 시작했다. 앞을 보니 멀지 않은 곳에 63빌딩이 보였고, 빌딩이 나한테 한번 들르라고 손짓하는 것 같았다. 사실 나는 그때까지 한 번도 63빌딩 안에 들어가 본 적이 없었다. 왠지 그곳에 가보고 싶어졌고 꼭대기 층에 가서 서울 시내를 구경하고 싶어졌다. 63빌딩에 도착해서 알게 된 것은 꼭대기 층은 돈을 내고 가야 한다는 사실이었다. 그

두려움 너머 설렘의 꽃이 피다

때 나는 한 푼이라도 아껴야 하는 상황이라서 그것을 포기했다. 하지만 내가 갈 수 있는 가장 높은 층이라도 가보고 싶었다. 엘리베이터가 도착했고 가장 높은 층을 눌렀다.

올라가는 승강기 층 숫자를 보면서 아무 생각이 없었다. 숫자만이 쉼 없이 바뀌었고 어느새 엘리베이터가 최고층에 도착했다. 하지만 나는 내리지 않았다. 그리고 그냥 1층을 누르고 다시 내려가기 시작했다. 1층에 도착하는 순간 나는 다른 일을 하기로 마음의 결정을 내렸다. 복잡했던 마음이 한결 가벼워지는 느낌이었다. 밖에 나와서 집으로 돌아가려고 버스 정류장을 향해 걷고 있는데, 번데기 파는 곳이 눈에 띄었다. 거리가 가까워질수록 김이 모락모락 오르는 게 보였고 번데기의 고소한 냄새가 내 코끝을 자극했다. 문득 어렸을 때 번데기를 먹으면서 행복했던 기억이 떠올랐다. 결국, 나는 유혹을 못 이기고 번데기 한 컵을 주문했고 너무나 맛있게 먹기 시작했다. 그런데 갑자기 번데기의 모습에서 내 모습이 투영되어 보였다. 변화를 앞두고 자신에게 혹독한 시련을 주어야만 나비가 될 수 있는 번데기와 내가 하나가 된 것 같았다. 나는 그때 이후로 뭔가 삶에 변화가 생겨올 때면 가끔 번데기를 사 먹는다. 그것이 나에게 무엇을 암시하는지는 모르겠지만, 번데기를 먹을 때마다 63빌딩에 홀로 갔던 때가 생각난다.

번데기는 애벌레가 성충으로 바뀔 때 반드시 거쳐야 하는 과정이다.

우리는 모두 삶에서 나비가 되길 꿈꾼다. 하지만 번데기 과정 없이 애벌레가 바로 나비가 될 수는 없다. 우리 삶에 고통이나 시련이 찾아오는 것을 나비가 되기 전에 겪는 번데기 과정이라 생각하면 어떨까? 그런 의미에서 시련과 역경을 꼭 나쁘게만 생각할 필요는 없는 것 같다. 더 나아가 그 과정을 즐기는 사람은 실로 멋진 나비가 될 자격이 충분하다는 생각이 든다. 나비는 날아가는 자유를 얻기까지 무수한 삶의 전기를 마련한다. 예를 들면, 누에고치 안에서 절치부심하며 밖으로 향하는 꿈을 꾸지 않는다면, 나비로 탄생할 수 있을까? 누에고치를 뚫고 나오려는 안간힘을 쓰지 않는다면 자유롭게 하늘을 나는 나비의 자유를 얻을 수 있을까? 누에고치에서 나오려고 바둥거리는 나비를 보고 누군가 가서 도와준다면 나비는 나비로 성장하지 못하고 그 순간에 생명성을 잃어버리고 만다. 스스로 태어나려는 고통이 훗날 멀리 그리고 높이 날아갈 수 있는 나비의 원동력이 된 것임을 알아야 한다.

두려움 너머 설렘의 꽃이 피다

설렘은 두려움을 극복할 때 찾아오는 반가운 선물이다

다단계 일을 하면서 수입이 적어서 나는 몇 달 전부터 다른 일을 병행하고 있었다. 신림역 근처 호프집에서 저녁 7시부터 새벽 2시까지 서빙하는 아르바이트였는데, 시급이 적어 이 또한 수입이 얼마 되지 않았다. 그래서 나는 호프집 아르바이트와 함께 낮에 같이 할 수 있는 일을 찾기위해 <벼룩시장> 구인구직을 둘러보기 시작했다. 한참을 둘러본 결과, "팀장 보조. 월급 OO만 원. 오전 9시부터 오후 5시까지"라고 적힌 곳이 내 상황을 고려해봤을 때, 가장 좋을 것 같았다. 나는 망설임 없이 바로전화를 했고 궁금했던 몇 가지를 질문을 통해 확인한 후, 면접을 보러 가기로 약속했다. 다음 날, 알려준 주소로 찾아가니 사무실에는 40대 정도로 보이는 남성 한 명과 여직원 한 명이 앉아 있었다. 남성은 여기는 아이들 도서를 판매하는 곳이고, 일은 학기가 시작되면 초등학교를 찾아다니면서 진행한다고 했다. 그러면서 남성은 나에게 혹시 지방도 갈 수 있냐고 물었다. 나는 저녁에 호프집 아르바이트를 하고 있었기 때문에 그러기 힘들다고 말하니 그럼 서울에서 활동하는 팀장을 소개해주겠다고 했다. 며칠 후 나는 내 팀장이 될 남성을 만났고, 그는 나에게 몇 살인지 어디 사는지 등을 물어보고는 자기는 몇 살이고 막 태어난 아이가 한 명 있다고 말했다. 그러면서 일은 일단 자기를 따라와서 보면 된다고 했다.

일 시작은 아이들 입학과 동시에 시작된다고 했지만, 나는 그 이유를 정확히 알 수 없었다. 내가 어렸을 때 책을 파는 아저씨가 집으로 찾아왔던 기억과 달리 학교로 찾아가서 일한다는 것이 감이 잘 안 잡혔다. 2월도 거의 끝나가고 있었기에 며칠 뒤 어떤 일이 펼쳐질지 궁금했다. 3월이 되고 봄기운과 함께 모든 학교가 입학을 맞이했다. 나는 팀장 차를 타고 서울에 있는 한 초등학교에 방문했다. 팀장은 우선 교무실에 가서 교감 선생님께 인사를 했고, 잠시 이야기를 나누는가 싶더니 금방 일어나서 학년별 교무실을 돌면서 선생님들을 만나기 시작했다. 선생님께 인사를 하고 이러저러한 이야기를 하며 1분의 시간을 허락받았다. 대충 봐도 허락보다는 거절이 훨씬 많았다. 나는 그때까지 그것이 정확히 어떤 작업인지 잘 알지 못했다. 교실을 다 돌고 나니 몇 군데서 허락을 받았고 한 학교를 더 가보자며 팀장은 차를 몰았다. 앞에 학교에서 했던 것과 마찬가지로 팀장은 교무실에 들러 교감 선생님을 잠시 만난 후 각 교실에 들러 몇몇 선생님께 1분의 시간을 허락받았다. 일정이 끝나고 우리는 다음 날 아침에 다시 만나자고 약속을 한 후 헤어졌다.

다음 날 아침, 우리는 다시 만났고 어제 방문한 학교로 이동했다. 팀장은 쉬는 시간이 되자마자 어제 시간을 허락해주었던 한 선생님을 찾아가서 인사를 했다. 선생님은 우리를 보면서 어제 약속이 생각난 듯 교실 밖으로 나가려던 아이들을 잠시 자리에 다시 앉혔다. 잠시 후 팀장은 교탁 앞에 서서 잠시 1분 정도 과학도서와 위인전을 설명했고, 순식간에 아이들에게 준비한 안내장을 나눠주었다. 그러면서 혹시 책을 신청할 사람은 내일 부모님께 허락을 받아 신청서를 학교로 다시 가져오라며 마무리를 했다. 그렇게 한 반을 끝내고 쉬는 시간이 끝나기 전, 다시 어제 허락된 반으로 찾아가서 선생님을 만났고 아이들에게 똑같은 방식으로 이야기하고 안내장을 나눠주기 시작했다. 나도 옆에서 같이 안내장을 나눠주며 거들었다. 그렇게 예정됐던 교실을 다 돌고 나서 팀장은 다음 날 다시 보자고 했다. 그리고 다음 날, 우리는 다시 안내장을 나눠준 학교로 찾아갔다. 나는 과연 신청하는 사람이 몇 명이나 될까? 생각했는데 예상외로 안내장을 나눠주었던 교실마다 몇 장씩의 신청서를 걷을 수 있었고, 어떤 반에서는 열 장 이상의 신청서가 나왔다. 그렇게 신청된 책들은 며칠 내로 적어준 주소로 배달되었다.

3일 동안 일의 진행 과정을 보여주고 나서 팀장은 나보고 혼자 할 수 있겠냐고 물었다. 나는 그 물음에 고민이 되었다. 이건 그냥 일이 아니고 내가 보기에 영업이었다. 나는 단순히 팀장 옆에서 보조만 하면 된다고 알고 왔는데, 영업은 왠지 두려웠다. 그리고 만약 내가 신청서를 몇 개 받지 못한다면, 내가 원하는 한 달 월급이 나올지도 걱정이었다. 그래서 나는 이런 심정을 솔직히 팀장에게 이야기했다. 내 말을 진지하게 다 듣고 나서 팀장이 나에게 말했다. "네가 원하면 내가 월급으로 맞춰줄게. 하지만 네가 열심히 하면 너는 그 월급의 몇 배를 벌게 될 거야. 형 믿고 한번 해봐." 팀장과 3일 동안 같이 일을 다니면서 우리는 이런저런 이야기를 많이 나눴고, 나는 팀장을 사적으로 형이라고 불렀다. 짧은 기간이었지만, 그동안 나름 친분이 쌓여서였을까 나는 조금의 갈등 끝에 그 말을 믿어보기로 했다. 그리고 용기 내서 팀장에게 말을 꺼냈다. "형, 저 열심히 해볼 테니 좀 도와주세요." 그 후 나는 정말 누구보다 열심히 했고 그 결과 처음에 받기로 했던 월급의 몇 배를 받게 되었다. 나에게 두려움으로 시작된 영업이 어느새 설렘으로 바뀌고 있었다.

우리는 살면서 어떤 선택을 할 때 두려울 때가 많다. 하지만 두렵다는 것은 할 수 있다는 방증이기도 하다. 어떤 일을 아예 할 수 없다고 생각하면 우리는 더는 그것에 관심을 두지 않는다. 그러면 그것은 더 이상 우리에게 두려움의 대상이 되지 않는다. 하지만 할까? 말까? 망설인다는 것은 '잘하면 할 수 있겠다'라는 설렘과 '잘못되면 어떡하지?' 하는 두려움이 공존하는 상태다. 용기 내어 설렐 것인가? 두려움에 포기할 것인가? 어떤 선택을 할지는 오직 자신에게 달렸다. 중요한 사실은 세상은 용기 있는 사람들이 이끌고 간다는 점이다. 세상을 이끄는 사람 중에 두려움에 무릎 꿇고 가만히 있는데 자신이 원하는 것을 성취하는 사람은 한 명도 없다. 용기는 대단한 일을 저지르는 만용이 아니다. 지금보다 한 발짝 더 나아가려는 안간힘이자 두려움에도 불구하고 포기하지 않고 정면으로 다가서는 도전이 바로 용기다. 용기는 머리로 계산한다고 생기지 않는다. 용기는 심장에서 나온다. 세상에 두려운 대상은 없다고 한다. 다만 사람이 대상을 보고 두렵다고 생각하기 때문에 생긴다. 두렵다고 앉아서 검토를 거듭하고 생각만 하다가는 장고 끝에 악수를 두기 일쑤다. 그리고 설렘은 두려움에도 불구하고 용기 내어 도전하는 사람에게만 주어지는 선물이다.

책은 사람을 꿈꾸게 하는 꿈의 씨앗 창고다

도서 판매 일을 시작하고 두 달쯤 지나자 일에 완전히 적응되었다. 그런데 처음 열정적인 모습과 달리 왠지 내 모습에서 신남이 점점 사라져가는 것을 발견했다. 혼자 일을 다니면서 오는 외로움과 반복된 생활 속에서 뭔가 매너리즘 같은 것이 느껴졌다. 그래서 나는 시간이 날 때마다 내가 판매하는 위인전과 과학도서를 틈틈이 읽기 시작했다. 위인전은 너무나 잘 알려진 세종대왕부터 내가 잘 몰랐던 인물들의 이야기가 담겨 있었고, 과학도서에는 내 호기심을 자극하는 내용도 꽤 많았다. 이 책들을 통해 어떤 아이는 과학자를 꿈꾸고, 또 어떤 아이는 대통령도 꿈꿀 수 있으면 좋겠다는 생각이 들었다. 생각해보면 나는 어렸을 때 특별한 꿈이 없었다. 고등학생이 되어서야 어렴풋이 국어 선생님이 되면 좋겠다고 생각한 것이 꿈이라면 꿈이었다. 나는 일찍부터 자기가 하고 싶은 꿈을 발견하고 그것을 위해 열심히 준비하는 친구들이 부러웠다. 그런 친구들은 뭔가 자신감이 넘쳤고 생동감이 느껴졌다. 사회에 나와서도 항상 이 부분이 아쉬웠다. 내가 진정 좋아하고 잘할 수 있는 일을 찾고 싶었다. 내가 선생님이 되고자 했던 것도 바로 아이들이 꿈을 찾는 데 도움을 주고 싶어서였다.

나는 선생님이 되지 못했지만, 책을 통해 아이들이 꿈을 꿀 수 있으면 좋겠다고 생각했다. 그런 생각이 든 다음 날부터 나는 아이들 앞에서 말하는 내용을 바꾸기 시작했다. "여러분, 우리가 밥을 먹으면 왜 졸린 지 알아요?" 잠시 멈춘 후, 이야기를 이었다. "그건 뇌로 가야 하는 피가 소화를 돕기 위해 위장으로 몰려가기 때문이에요. 이 책에는 이것 말고 우리가 궁금해하는 많은 것들이 들어 있어요. 그리고 여러분, 세종대왕님 알죠? 세종대왕님은 어떻게 우리가 다 아는 훌륭한 사람이 되었을까요? 바로 책을 많이 읽어서 그래요. 여러분도 책을 많이 읽으면 세종대왕님처럼 훌륭한 사람이 될 수 있어요." 나는 이 말을 하면서 아이들이 진짜 그렇게 훌륭한 사람이 되었으면 하는 마음이 들기 시작했다. 나의 바람대로 얼마나 많은 아이들이 훌륭한 사람이 되기를 꿈꿨는지는 알 수 없다. 하지만 나는 믿는다. 책이 사람을 꿈꾸게 한다는 사실을. 책은 가보지 않은 곳을 상상하게 만들며, 되어보지 못한 미지의 사람에게 동경심을 품게 만든다. 내가 모든 걸 경험할 수 없는 세상에서 책은 나에게 미지의 세계로 향하는 상상력을 잉태하게 만들며, 나보다 성공한 사람들을 롤모델로 삼아 꿈을 꾸게 만드는 자극제다.

생물학적으로 나이 드는 것은 누구도 막을 수 없다. 하지만 정신적으로 늙지 않게 하는 좋은 방법 중 하나가 바로 책을 읽는 것이다. 물론 책을 읽는다고 육체적으로 나이가 드는 것은 막을 수 없지만, 정신적으로 생각이 낡아빠지는 일은 어느 정도 예방할 수 있고, 그 과정도 느리게 막을 수 있다. 바로 책을 읽으면서 정신적 자극을 주고 끊임없이 새로운 생각을 창조하는 과정을 통해서다. 책을 읽고 마는 정도가 아니라 그것을 통해 삶에 적용하고 응용하며 산다면, 우리는 삶을 얼마든지 신선하게 만들어갈 수 있다. 책은 내가 살아보지 못한 다른 세상의 경험이나 깨달음을 선물로 주는 지혜의 보고다. 책은 읽는 이로 하여금 꿈을 자극하고, 꿈꾸는 사람에게 다양한 꿈의 씨앗을 나눠주는 꿈의 씨앗 창고다. 우리는 다른 사람이 꿈꾸는 걸 보면서, 다른 사람이 꿈을 이루는 과정을 보면서 자신도 꿈을 꿔보고 그것을 키워갈 수 있다. 꿈이라는 게 뭐 거창한 것이 아니어도 좋다. 뭔가를 하고 싶다는 마음이 들고, 그것을 행할 때 우리는 설렘과 행복을 느낀다. 그것이 내가 책을 읽는 이유 중 하나다. 20년이 흘러 이제 그 아이들 나이가 그때 내 나이보다 더 많아졌다. 많아진 나이만큼 그들을 설레게 했던 경험도 많이 쌓였으면 좋겠다.

2

나에게 설렘으로 바뀐 영업,
내 삶을 지탱해준 기초가 되다

시작하지 않으면
어떤 작품도 탄생되지 않는다

책 영업을 하면서 나는 한 가지 고민에 빠지기 시작했다. 이 일은 다 좋은데 커다란 단점이 하나 있었다. 학교를 찾아다니면서 하는 영업이라 방학 때는 어쩔 수 없이 일을 잠시 쉬어야 한다는 점이었다. 팀장과 사무실 사람들은 그것을 당연하게 생각하는 듯했지만, 나는 그럴 수 없었다. 그냥 손 놓고 놀고 싶지 않았다. 그렇다고 옛날처럼 집마다 방문해서 책을 판다는 것은 현실적으로 쉽지 않아 보였다. 그런 생각에 빠져 있을 때쯤 친구에게 전화가 왔다. 친구는 여러 가지 카드를 취급하는 회사에 취직했는데, 자유롭게 영업할 수 있고 열심히 하면 인센티브로 가져가는 급여도 꽤 괜찮다며 이쪽 영업도 한번 생각해보라고 했다. 그러면서 자기도 입사한 지 얼마 안 됐는데 적지 않은 급여를 받았다는 말까지 덧붙였다. 나는 그 말에 귀가 솔깃했다. 어차피 방학이면 일을 한 달 이상 쉬어야 하니 방학 동안만이라도 카드 일을 해보면 좋겠다는 생각이 들었다.

어떤 느낌이 왔을 때 바로 시작하지 않으면 느낌이 머리로 올라가서 안 해도 되는 열 가지 이유를 생각한다. 사람은 생각보다 느낌이 왔을 때 뭔가를 시도하고 탐색하며 도전하게 되는 경우가 많다. 느낌이 실종되거나 희석되기 전에 행동하지 않으면 남는 건 진한 아쉬움과 후회뿐이다. 졸작이든 걸작이든 모든 작품은 시작해서 탄생한 성취물이다.

7월을 코앞에 두고 나는 친구가 어떻게 일하는지 한번 보기로 하고 동행을 나갔다. 친구는 옷가게, 사무실, 당구장 등등 눈에 보이는 대로 방문해서 만나는 사람마다 카드 신청을 권유했고 가끔 질문이 나오면 그에 답을 하고 한두 장씩 카드 신청을 받기 시작했다. 보기에 일이 그리 어려워 보이지는 않았다. '그래, 저 정도면 나도 할 수 있겠다'라는 생각이 들었고 마음의 결정을 내렸다. 그 후, 나는 책 영업 팀장에게 말을 하고 방학이 되면서 카드 영업을 시작했다. 친구에게 배운 것을 토대로 나는 옷가게, 사무실, 당구장 등등 눈에 보이는 사람들을 만났고 카드를 한두 장씩 받기 시작했다. 이 일은 열심히만 하면 무조건 하루 몇 장씩은 받을 수 있겠다는 생각이 들었고 사실이 그랬다. 그때 당시, 대한민국은 IMF 외환위기를 다행히도 잘 넘기고 경제를 살린다고 카드를 생각보다 쉽게 발급해주던 시절이었다. 그리고 그것이 훗날 대한민국에 어떤 파장을 몰고 올지는 알지 못했다.

카드 영업을 하면서 한 가지 좋았던 기억은 회사에서 일하는 중간중간 걸었던 보너스 시책이었다. 가끔 당일 시책으로 그날 몇 개 이상 카드 신청을 받으면, 다음 날 바로 현금으로 보너스를 주었고, 한 주 또는 한 달에 몇 개 이상이면 주 또는 월 보너스를 주는 방식이었다. 나는 이런 시책이 새롭게 느껴졌고, 열심히 해서 보너스를 받을 때면 기분이 무척 좋았다. 뭔가 재밌고 설렜다. 주말 보너스 시책은 더 파격적일 때가 많았다. 그래서 나는 주말에도 일할 때가 많았고, 그 덕분에 크고 작은 보너스를 챙겨갈 수 있었다.

보상은 사람을 신나게 하고, 사회를 건강하게 한다

어느 날, 당일 보너스 시책이 크게 걸렸다. 나는 보너스를 꼭 받으리라 다짐하고 아침부터 열심히 움직이기 시작했다. 다행히 오전부터 열심히 움직인 만큼 결과가 나쁘지 않게 나왔다. 그런데 오후가 되면서 계약이 뜸해지더니 저녁까지 다른 어떤 날보다 더 열심히 했는데도 시책 조건에서 딱 한 개가 모자랐다. 너무 아쉬웠다. 몇 개가 모자랐다면 별로 아쉬울 것도 없겠지만, 한 개가 모자라서 보너스를 놓치는 것이 너무 아쉬웠다. (조금 과장해서 말하자면) 금메달을 놓친 2등 선수가 바로 이런 심정이 아니었을까 하는 생각이 들었다. 그만큼 나는 진한 아쉬움을 느끼고 있었다. 시간이 늦어 어쩔 수 없이 하루 일정을 마치고 집으로 돌아오면서도 오늘 하루 신청받은 기쁨보다 모자라는 한 개가 자꾸 내 마음을 사로

잡았다. 지하철역에서 내려 집으로 터벅터벅 무거운 발걸음으로 걸어오는데 어떤 여성분이 주점 앞에서 담배를 피우고 계셨다. 나는 나도 모르게 그 여성분께 다가가서 말을 걸기 시작했다. 인사를 하고 카드 이야기를 꺼내며 카드 신청을 권유했다. 이분은 잠시 고민하는가 싶더니 젊은 친구가 열심히 하는 것 같아서 하나 해준다며 신청서를 적어주었다. 나는 순간 속으로 뛸 듯이 기뻤다. 카드 신청을 해주신 그분께 감사했고 또한 끝까지 포기하지 않고 최선을 다한 나에게 고마웠다. 그리고 다음 날 아침, 나는 정말 기쁜 마음으로 보너스를 받았다.

안 된다고 생각하면 될 것도 안 되고, 된다고 생각하면 안 될 것도 되는 경우가 많다. 된다고 생각하게 되는 비결은 마음속에 꼭 이뤄내고 싶다는 간절함이다. 결과가 이뤄질 확률은 간절함의 크기에 비례한다. 그리고 때로는 간절함이 생각지도 못한 기적을 불러온다. 그때 그분을 만나서 마지막 계약을 받을 수 있었던 것도 내 마음의 간절함이 기적을 불러왔다는 생각이 든다.

사람은 누구나 열심히 일한 만큼 보상받길 원한다. 보상은 일종의 선물과 같다. 원하는 선물을 받았을 때의 기쁜 마음은 누구나 한 번쯤 경험이 있을 것이다. 게다가 뜻밖의 선물은 왠지 모르게 더 기분이 좋다. 나에게 보너스 시책은 기분 좋은 설렘을 안겨주었고, 그것을 이뤘을 때의 행복감은 지금도 기억이 생생하다. 보상은 잠자던 마음의 동기를 자극하고 사람을 신나게 한다. "칭찬은 고래도 춤추게 한다"는 말이 한참 유행한

적이 있는데, 바로 보상이 주는 힘을 재밌게 표현한 말이다. 성취감을 맛본 자아는 목표를 달성하는 과정에서 춤을 춘다. 덩달아서 신나는 자아는 자아성취를 위해 또 다른 즐거움을 만끽하며 몰입한다.

요즘 신조어로 '열정페이'라는 말이 있다. 월급은 적게 주면서 온갖 업무를 많이 시키는 행위를 비꼬는 말이다. 법적으로 정한 최저임금에 턱없이 못 미치는 임금을 지불받고 있지만, 취업 관문에 서 있는 인턴이나, 취업을 위해 경력을 쌓아야만 하는 사람들, 또는 그 적은 금액의 돈이라도 꼭 필요한 사람들에게 벌어지는 부당함을 의미한다. 예전보다 많이 좋아졌다고는 하지만, 아직도 우리 사회에는 열정페이가 많이 존재한다. 어떤 이들은 그것을 의도적으로 악용하기도 한다. 그런데 그것은 사회적 신뢰감을 떨어뜨린다. 지금은 신용사회고 신용이 높을수록 인정받는 사회가 된다. 대한민국이 선진국이 되고 유지되는 데 사회적 신뢰는 중요한 역할을 한다. 그것이 비록 보이지는 않지만, 사회의 근간이 되는 사회적 신뢰를 잘 관리해야 하는 이유고, 뜻밖의 보너스는 아니더라도 적어도 우리가 일한 만큼 보상받는 사회를 만들어야 하는 이유다.

비장의 카드가 비운의 카드로 전락하다

나는 카드 영업을 시작하고 책 영업으로 다시 돌아가지 않았다. 아무래도 방학 때는 쉬어야 한다는 게 가장 큰 걸림돌이었다. 게다가 카드 영업이 잘되고 있었기에 굳이 돌아갈 이유가 없었다. 카드 영업은 그렇게 순항하고 있었다. 하지만 한없이 잘될 것만 같았던 카드 영업에 먹구름이 몰려왔다. 특별한 조건 없이 발급되던 카드가 연체율이 높아지면서 국가에서 카드사를 압박하기 시작했고, 카드사는 신규발급을 제한하기 시작했다. 하지만 신규발급을 막는다고 해도 이미 발급된 카드로 사람들은 무분별하게 소비를 하고 있었다. 그러면서 카드빚을 못 갚아서 신용불량에 걸리는 사람들이 차츰 늘기 시작했다. 늘어나는 카드빚을 여러 장의 카드로 현금서비스를 받아 결제가 돌아오는 순서대로 돌려막기를 하는 사람들이 많아졌다. 그때까지도 우리는 앞으로 어떤 사태가 벌어질지 상상하지 못했다. 그리고 얼마 지나지 않아 대한민국에 또 한 번 큰 사건이 벌어졌다. 당시 국내 1위 카드사에서 현금서비스가 한동안 막히는 사건이 발생했고, 그로 인해 그동안 카드 돌려막기를 하며 생활하던 사람들이 날벼락을 맞았다.

당시 상황이 생각보다 심각하게 전개되고 있었다. 한 개의 카드가 막혔을 뿐인데 카드 대금을 돌려막지 못해 신용불량자가 속출하기 시작했고, 그동안 한 번도 이런 일을 겪어보지 못했던 터라 개인, 카드사, 국가 모두 당황할 수밖에 없었다. 하지만 이미 엎질러진 물이었다. 그 후 대한민국은 단기간에 백만 명 이상의 신용불량자가 생겨났고, 빚진 사람들은 채권자들로부터 무차별한 빚 독촉에 시달려야 했다. 그들에게 삶은 고통으로 변해 있었고, 두려움이 그들의 숨통을 조여왔다. 밤낮으로 빚 독촉에 시달리던 일부 사람들은 스스로 목숨을 끊는 일까지 벌어졌다. 많은 사람이 감당할 수 없는 카드빚의 무서움을 알게 된 사건이었다. 그 사건 이후 나는 결국 카드 영업을 접게 되었다. 내 삶을 유지하게 해주던 비장의 카드가 돌연 비운의 카드로 전락해버린 상황이었다. 사람들에게 빛이 되어주었던 카드가 빚으로 연결되는 카드로 바뀐 것이다. 인생이란 마치 불규칙하게 놓여 있는 징검다리를 건너는 게임 같다. 그나마 날이 맑아 시야가 좋으면 한 발 한 발 내딛기가 수월하다가도 안개가 끼고, 폭풍우가 몰아치면 징검다리가 잘 보이지 않는다. 어느새 내 삶은 다시 안개 속 징검다리 위에 서 있게 되었다.

감당할 수 없는 빚은 독이 되어 돌아온다. 설마 하는 생각은 예기치 못한 결과를 초래할 수 있고, 발생할 수 있는 문제에 대해 생각조차 해보지 않으면 더 큰 문제를 초래할 수 있다. 평소 시간은 우리의 친구였다가도 문제가 발생하는 순간부터 갑자기 적으로 돌변한다. 이는 마치 작은 불씨가 산을 태우는 것과 같다. 처음에는 발생했는지조차 모르다가 본격적으로 불이 번지고 나서야 알게 된다. 지금 전 세계는 어느 나라 할 것 없이 돈을 마구 찍어내고 있다. 이것은 모두 빚이다. 빚은 언젠가는 갚아야 한다. 1997년 한국의 IMF 금융위기와 2008년 미국의 금융위기는 빚이 불러온 대표적인 사례다. 이 사건들은 우리에게 혹독한 시련을 안겨주었다. 많은 사람이 직장을 잃었고, 집을 잃었다. 또 어떤 이는 목숨까지도 잃었다. 어떻게든 살기 위해 가족과 뿔뿔이 흩어져 살아야 했던 사람들도 있었다. 하지만 사람은 망각의 동물이다. 우리는 다시 빚에 무뎌지고 있다. 무리하게 대출받아 집을 사고, 주식에 투자하는 사람들이 많아졌다. 이 빚잔치가 끝나면, 우리에게 어떤 혹독한 대가가 치러질지 걱정하지 않을 수 없다. 몰라서 겪는 실수야 어느 정도 용서가 되지만, 알고서도 하는 실수는 더 큰 위험을 초래할 수 있다. 위험을 무시한 결과는 생존에 위협이 될 수 있기 때문이다.

간절하면
좌절감도 사라진다

카드 일을 접고 만난 몇 개의 영업들은 마음처럼 결과가 따라주지 않았다. 인생은 뜻대로 잘될 때보다 잘 안 될 때가 더 많다. 잘될 때는 별다른 생각을 하지 않는다. 일이 잘 안 풀리고 뭔가가 자꾸 꼬일 때 사람은 이전과 다르게 생각한다. 좌절하고 절망감에 휩싸일 때일수록 난국을 돌파하고 위기를 극복하겠다는 다짐과 결의가 필요했다. 간절함과 절박함이 멈추지 말고 다시 달려보라고 나를 채찍질했다. 이미 영업의 길로 들어섰기 때문에 이제는 월급을 받는 일에는 크게 관심이 가지 않았다. 사실 내가 가진 이력으로 일반 직장을 들어가는 것이 쉽지 않을 거라는 생각도 한몫했다. 이제 영업은 나의 직업이었고, 내 삶의 일부가 되어 있었다. 하지만 영업을 한다고 다 돈을 번다는 보장은 없었다. 열심히 일해도 나에게 잘 맞지 않는 일이 있다는 것을 알게 되었다. 그러던 중에 같이 영업했던 친구에게서 전화가 왔다. 자신이 핸드폰을 팔고 있는데 괜찮은 일이니 한번 해보라는 전화였다. 보통 핸드폰을 판매한다고 하면 대리점에서 오는 손님을 맞이해서 개통해주는 것이 상식이다. 그런데 여기서는 핸드폰을 전략적으로 한두 개를 정해서 판매하는 방식이었다. 그 핸드폰들은 옷으로 치면 이월 상품과 같았다. 인기가 없어서 잘 팔리지 않거나 시기가 지나서 재고로 쌓여가는 것들이었다. 이 영업조직은 마치 특공대처럼 특수 임무를 띠고 이 핸드폰들을 최대한 빨리 소진하는 것을 주요 업무로 하고 있었다.

여기서는 영업방식도 특이했다. 매장도 아니고 가판행사도 아닌, 외부로 나가서 핸드폰을 판매하는 방식이었다. 어느 특정 장소에서 판매하는 것도 아니라서 어디든 가서 영업할 수 있었다. 핸드폰을 판매하는 데 준비물도 전략폰 한두 개와 전단지, 그리고 신청서만 있으면 됐다. 영업자가 직접 핸드폰 개통을 해줄 필요도 없었다. 신청서를 받아 접수하면 다음 날 사무실에서 핸드폰을 배송하고, 핸드폰을 받은 고객이 유선전화로 핸드폰 개통 전담 번호로 전화를 해서 직접 개통까지 이뤄지는 시스템이었다. 영업자가 할 일은 열심히 고객을 찾는 일이었다. 그리고 고객이 핸드폰을 바꾸고 싶게끔 핸드폰을 보여주고 기능을 설명해주면 되었다. 이런 전략이라면 최단 시간 안에 최대한 많은 사람을 만나는 것이 중요해 보였다. 그래서 나는 사람들이 최대한 밀집된 공간을 주로 공략했다. 우선 집 근처에 있는 시청, 구청 등 사람들이 많이 모여 있는 곳부터 시작해

두려움 너머 설렘의 꽃이 피다

서 차츰 규모가 작은 공공기관으로 영업을 다니기 시작했다. 그 후 아파트형 공장이라 불리는 건물들과 상가가 밀집된 지역도 많이 다녔다.

영업 고수는 설렘과 희망을 덤으로 준다

그 당시 핸드폰은 화면이 흑백에서 칼라로 바뀌고 있었다. 그리고 조금 더 시간이 지나서는 MP3 기능과 카메라 화소 수준이 빠르게 높아졌다. 그래서 2~3년이 지나서 핸드폰을 바꿀 때쯤이면 핸드폰 성능은 눈에 띄게 향상되어 있었다. 나는 우선 전단지를 잠재 고객들에게 나눠주고, 그들 중 누가 전단지를 쳐다보는지 관찰했다. 전단지에는 핸드폰 이미지 사진과 가격, 그리고 간단한 기능 설명이 있었기 때문에 전단지를 나눠줌으로써 누가 관심 있는지를 파악하는 작업이었다. 그 후 전단지를 보고 있는 사람에게 가서 말을 건다. 그러면 적극적으로 관심 있는 사람은 보통 질문을 시작했고, 질문에 대해 답을 해주면 됐다. 궁금증이 풀리고 어느 정도 신뢰감이 쌓이면 고객은 신청서를 작성했다. 보통은 여기까지 하고서 신청서를 받았는데, 나는 조금 더 적극적인 방법을 사용했다. 예를 들어, MP3 전략폰을 판매할 때는 핸드폰 안에 그때 당시 유명한 노래를 몇 곡 넣어서 이어폰으로 고객에게 들려줬다. 직접 이어폰을 끼고 노래를 들은 고객들은 "우와" 하고 외쳐댔다. 그 소리에 주변 사람들이 몰려들었고, 그러면서 여러 명이 함께 신청서를 쓰는 경우가 많았다. 사실 그것도 하나의 전략이었다. 사람들은 혼자 할 때보다 같이할 때 안심하는 경향이 있다. 네가 하면 나도 한다며 서로 눈치를 본다. 하지만 좋은 것은 시키지 않아도 주변에 소문을 낸다. 바로 그 점을 잘 활용한 영업전략이었다.

카메라 전략폰은 폴더 위쪽을 뒤로 돌렸을 때 그 모습이 진짜 카메라처럼 보이는 폰이었다. 이 폰을 판매할 때, 나는 전단지를 보고 있는 고객 앞으로 다가가 폴더를 돌려 폰이 카메라가 되는 모습을 보여주며 흥미를 자극했다. 그리고 원하는 고객의 모습을 사진으로 찍었고, 직접 사진을 찍어보게도 했다. 그전에 핸드폰으로 찍는 사진은 사진이라기보다 그림에 가까운 수준이었지만, 이것은 거의 사진에 가까웠다. 물론 지금 스마트폰 성능과 비교하면 한참 성능이 떨어지지만, 그 당시에는 그것만으로도 놀라운 변화였다. 찍은 사진을 보여드리면 고객들은 신기해하며 감탄사를 쏟아냈다. 이렇게 나는 머리로 생각하는 고객을 직접 경험하게끔 유도하는 전략을 사용했다. 그리고 그 성과는 꽤 좋았다. 몸으로 느낀 핸드폰 성능이 이미 고객들의 마음을 사로잡았기 때문에 나는 크게 더 설명할 게 없었다. 게다가 나는 들은 얘기로 앞으로는 핸드폰으로 TV도 볼 수 있는 시대가 온다고 말해줬다. 이 말을 들은 고객들은 그럼 축구나 야구도 핸드폰으로 볼 수 있게 되면 좋겠다며 상상의 나래를 폈다. 우리는 그런 날이 오는 상상을 하며 함께 기분이 좋아졌다. 나는 비록 핸드폰을 팔고 있었지만, 단순히 기계를 파는 사람이 아니었다. 사람들에게 경험과 설렘, 그리고 미래에 희망도 함께 선물했다.

대부분의 영업 고수들은 상품의 기능만을 팔지 않는다. 그들은 상품에 대한 자신의 신념과 철학, 설렘과 희망을 판다. 연구에 의하면, '고객이 비싼 상품을 구매할 때 가장 영향을 미친 것이 무엇이냐'고 물었을 때 '영업 담당자의 말 때문'이라고 답하는 경우가 절반이 넘는다. 이제 세상은 영업하는 사람이 아니더라도 자신을 팔아야 하는 세상이 되었다. 자신을 팔 때 꼭 설렘과 희망을 덤으로 함께 주면 좋을 듯싶다.

경험하지 않고 얻은 해답은 펼쳐지지 않은 날개와 같다

좋은 느낌을 주는데 경험만큼 좋은 것이 없다. 삶에 느낌은 경험에서 온다. 생각에서 오는 것은 대부분 계산적이고 복잡하다. 우리가 살면서 좋은 추억이든 나쁜 기억이든 생각이 떠오르는 것은 우리가 그것을 경험했기 때문이다. 경험이 나에게 어떤 느낌을 남겼는지에 따라 좋은 추억도 되고, 나쁜 기억도 된다. 경험의 폭과 깊이는 내 생각을 이전과 다르게 만든다. 똑같은 경험을 했어도 그 경험에서 무엇을 배우는지는 사람마다 다 다르다. 경험으로부터 배우는 깊이와 넓이가 그 사람의 양식이 되고 안목과 식견으로 형성된다. 눈앞에 아주 맛있어 보이는 처음 개발한 음식이 있다고 가정해보자. 과연 그 맛을 누가 표현할 수 있을까? 먹어보지 않으면 절대로 알 수 없다. 물론 비슷한 요리를 많이 만들어보고 맛보았던 사람은 그 맛을 대충 짐작할 수 있다. 하지만 어디까지나 짐작이다. 맛보지 않고 어떻게 혀끝에서 느껴지는 맛과 코끝에서 느껴지는 향기를 말로 다 설명할 수 있겠는가. 그래서 한 번 경험한 것과 두 번 경험한 것은 큰 차이가 없지만, 한 번도 경험하지 않은 것은 큰 차이가 난다. 상상으로는 그 모든 것을 느낄 수 없기 때문이다.

인생은 생각이 아닌 경험으로 이루어진다. "경험을 통해 스스로 가짜와 진짜를 알아보는 눈을 갖는 일은 어떤 조언보다 값지다. 직접적인 경험을 통해 자신의 판단력을 갖게 된 사람은 남을 의심하거나 절망하느라 삶을 낭비하지 않는다. 다만 자신의 길을 갈 뿐이다. 우리는 다른 사람이 그 길에 이르는 과정을 섣부른 충고나 설익은 지혜로 가로막지 말아야 한다. 경험하지 않고 얻은 해답은 펼쳐지지 않은 날개와 같다. 삶의 문제는 삶으로 풀어야 한다." 류시화의 《좋은지 나쁜지 누가 아는가》[7]에 나오는 말이다. 달리 말해, 경험은 내 안에 숨겨놓은 날개와 같다. 필요할 때 펼칠 수 있는 날개가 있다는 것은 삶에 큰 힘이 된다.

사람은 경험이 많을수록 삶의 이야기도 풍성해진다. 힘들었던 경험, 실패 경험은 사람을 더 단단하게 만든다. 추운 지방의 나무들이 따뜻한 지방의 나무들보다 나이테가 촘촘하다. 나무는 날씨가 따뜻하면 살기 편해 나이테 간격이 넓어지고, 추울수록 간격이 촘촘해진다. 나이테가 촘촘한 나무일수록 단단하다. 사람도 마찬가지다. 삶에서 힘든 경험이 그를 단단하게 만든다. 세계적으로 유명한 바이올린은 극한의 추위를 견딘 나무로

7 《좋은지 나쁜지 누가 아는가》, 더숲, 류시화(2019).

만들어진다. 바이올린을 켤 때 나무는 자신의 온몸으로 소리를 낸다. 자신이 살아온 삶의 경험을 소리로 표출한다. 도전하는 삶은 우리에게 많은 경험을 낳게 하고, 삶의 나이테를 촘촘하게 한다. 삶의 나이테가 촘촘한 사람은 어딘가 쓰이고, 언젠가 자신의 소리를 세상에 표출하게 된다. 내 삶의 나이테는 어떤 모습인지 한번 생각해보자.

세상은 배움의 천국이자
기회의 텃밭이다

핸드폰 영업을 열심히 하고 있는데 과거 책 영업을 함께했던 친구에게서 전화가 왔다. 근처 어디에서 본인도 핸드폰 관련 일을 하는데, 시간 되면 얼굴이나 한번 보자는 얘기였다. 나는 며칠 후 오랜만에 그 친구와의 추억을 생각하며 친구를 찾아갔다. 그런데 거기는 핸드폰매장도 아니었고 사람도 거의 없는 작은 사무실이었다. 친구와 이야기하고 있는데 한 남자분이 들어왔다. 그분은 친구가 오래전부터 아는 동네 형이었다. 우리는 함께 이런저런 얘기를 나누다가 그분이 우리나라는 핸드폰 요금제가 후불이지만, 외국에서는 선불요금제를 사용하고 있고, 앞으로 그런 추세로 흘러갈 거라는 이야기를 꺼내기 시작했다. 나는 조용히 그냥 듣고 있었다. 그리고 이런 방식을 누군가에게 소개하면 수입도 창출할 수 있다고 했다. 알고 보니 전에 내가 했던 다단계 방식을 설명하는 거였다. 나는 사실 다단계를 경험해봤기 때문에 그게 성공하기 쉽지 않다고 판단해서 그전에도 몇 번 다단계를 소개받았던 것을 거절한 적이 있었다. 그래서 이것도 처음에는 별 흥미를 느끼지 못했다. 그런데 자세히 들어보니 예전에 내가 했던 것과는 차이가 느껴졌다. 내용도 훨씬 더 괜찮았고, 충분히 부업으로도 가능해 보였다. 일하면서 부업으로 잠깐씩 하는 정도는 할 수 있겠다 싶었다. 그리고 어차피 핸드폰 요금은 누구나 쓰는 거고 사용방식도 크게 다르지 않았다. 요금만 미리 충전해서 쓰던 방식대로 쓰면 되는 거였다. 똑같은 일이라도 관점을 바꾸면 다르게 보인다. 그리고 다르게 보면 세상은 언제나 기회의 텃밭으로 다가온다. 그렇게 나는 다시 한번 다단계, 즉 네트워크 마케팅에 몸을 담게 되었다.

네트워크 마케팅 일은 예상외로 순조롭게 진행됐다. 꾸준히 진행하다 보니 어느덧 함께 일하는 파트너 숫자가 늘어나면서 내 직급이 조금씩 더 올라갔다. 그런데 그것이 오히려 내게 갈등을 일으켰다. 계속 부업으로 일을 진행할 건지, 아니면 전업으로 지금보다 적극적으로 사업을 진행할 건지에 대한 고민이었다. 심사숙고 끝에 나는 결국 전업을 선택했다. 그리고 열심히 한 결과, 직급도 더 올라갔다. 나는 친구들과 함께 주로 종로센터를 이용했는데, 하루는 거기 센터 관리자분께서 주말에 사업설명회를 해줄 것을 나에게 요청해왔다. 나는 대중 앞에 서는 것이 두려웠다. 두려우면서도 한편으로는 한번 용기 내서 해보고 싶다는 생각이 들었다. 내가 만약 이것을 해낸다면, 앞으로의 내 삶이 지금보다 더 발전할 수 있을 거라는 생각에서였다. 나는 준비할 시간을 달라며 잠시 시간을 벌어놓고 다른 사람들이 사업설명회 하는 것을 열심히 듣고, 유심히 관찰하며, 연구하기 시작했다. 그러면서 아무도 없는 빈 강의장에 혼자 서서 연습하고 또 연습했다. 연습하면 할수록 두려움이 줄어들었고, 할 수 있겠다는 생각에 왠지 설렘마저 느껴졌다. 그리고 내 첫 설명회는 내가 처음 두려움에 떨며 걱정했던 것보다 무사히 마칠 수 있었다.

사람은 실수한다고 죽지 않는다

처음 접하는 일을 해보지 않고 생각만 하면 두려움이 밀려온다. 그리고 오랜 시간 생각한다고 해도 두려움은 좀처럼 쉽게 사라지지 않는다. 하지만 두려운 일에 정면으로 도전해서 뭔가를 하기 시작하면, 생각했던 두려움이 생각만큼 두렵지 않을 때가 많다. 어느 사이 두려움이 설렘으로 변하기도 한다. 안 해본 것을 처음 시작하면 누구나 서툴고 힘들다. 하지만 그것이 반복되면 차츰 적응하게 되고 점점 자신감도 붙는다. 그 과정에서 설렘과 재미, 기쁨과 행복도 맛볼 수 있다. 나는 사업설명회라는 것을 안 해봤기 때문에 처음에는 낯설고 두려웠다. 하지만 한 번, 두 번 반복해서 하다 보니 그것이 점점 익숙해졌고 두려움은 점차 사라졌다. 두려움은 어디로 간 걸까? 분명 내 안에 두려움이 아주 커다랗게 자리하고 있었는데, 이것이 어디로 갔단 말인가. 나는 반복되는 연습이 내 두려움을 점차 설렘으로 바꿀 수 있었던 이유를 생각해봤다. 그것은 내가 실수를 두려워한다는 사실에 있었다. 대중 앞에서 내가 창피함을 당하기 싫어서 피하고 싶은 거였다. 하지만 반복되는 연습은 경험을 쌓았고, 경험은 실수를 줄여줬다.

내가 처음 영업을 시작할 때도 나는 두려움이 컸다. 그런데 영업을 계속하다 보니 그 안에서 설렘과 재미, 즐거움과 행복감을 느낄 수 있었다. 그러면서 나는 내가 두렵다고 생각했던 영업을 즐겼고, 주변 사람들에게 영업은 나의 천직이라고 말하기까지 했다. 대중 앞에 서는 것도 마찬가지였다. 대중 앞에 서는 것은 나에게 두려움이었고 넘지 못할 장벽처럼 느껴졌다. 하지만 막상 해보니 할 만했고, 어느 순간 나는 그것을 즐기기까지 했다. 그래서 나는 요즘 이런 생각을 하곤 한다. '사람은 실수한다고 죽지 않는다. 창피하다고 죽지 않는다. 사람은 그렇게 쉽게 죽지 않는다. 하지만 변화하지 않으면 죽는다.'

이전과 다른 실수를 해봐야 치명적인 실패를 사전에 방지할 수 있다. 사람은 완벽하지 않기에 실수와 실패를 통해 어제와 다르게 성장할 수 있는 원동력을 만들어낸다. 실수도 실패도 없는 인생은 너무나 평범한 인생이며, 도전을 회피하고 현실에 안주하며 산다는 의미다. 사람은 어제와 다르게 도전하지 않는 이상 어제와 똑같은 두려움에 휩싸여 살아간다. 설렘은 두려움에 정면으로 맞서는 사람에게만 주어지는 선물이다.

복조리를 팔면서
인생의 소중한 조리(條理)를 배우다

열심히 네트워크 마케팅 사업을 진행했음에도 불구하고 나는 또 한 번의 힘든 시간을 맞아야 했다. 같이 일하던 파트너들이 일의 진행이 더뎌지면서 한두 명씩 사업을 포기하기 시작했다. 심지어는 나를 소개했던 친구마저도 어느 순간부터 보이지 않았다. 들어오는 수입도 적어서 생활비조차 걱정하는 상황까지 내몰렸다. 이대로 가다가는 점점 더 삶이 힘들어질 것만 같았다. 하지만 나를 믿고 같이 일하는 파트너들이 있는데 내가 먼저 포기하는 모습을 보이고 싶지 않았다. 그것이 그들에 대한 최소한의 나의 도리였고 책임감이었다. 하지만 나는 생활비를 벌어야 했기에 무슨 일이든 병행해야만 했다. 그래서 짧은 시간에 효율적으로 할 수 있는 일을 찾아봤다. 그러던 중, 특이한 일이 하나 발견됐다. 저녁 시간 3~4시간 일하는 것으로, 시급도 괜찮았다. 사무실을 찾아가 보니 이 일은 길어야 2개월 정도만 할 수 있는 시즌 아이템으로 복조리를 판매하는 일이었다. 그런데 이야기를 자세히 들어보니 제시된 내용과 달리 시간적 조건이 나와 맞지 않았다. 일은 괜찮은 거 같은데 조건이 안 맞았기에 조금 아쉬워하며 집으로 돌아오면서 생각했다. 만약 복조리를 내가 직접 떼다가 팔 수 있다면, 원하는 시간에 자유롭게 팔 수 있겠다는 생각이 들었다. 그래서 나는 복조리를 한번 알아봐야겠다는 생각으로 다음 날 바로 남대문 시장을 찾아갔다. 왠지 거기 가면 내가 원하는 물건을 찾을 수 있을 것 같아서였다.

역시 남대문에는 내가 찾던 복조리가 있었다. 사장님은 최소 1,000개 단위로 판매 가능하다고 말씀하셔서 나는 순간 고민했다. '복조리 1,000개를 내가 이번 겨울에 다 팔 수 있을까?' 잠시 고민한 후에 나는 바로 복조리 1,000개를 주문했다. 옆에 예쁜 복주머니가 있길래 가격을 물어본 후, 복조리에 복주머니를 달아줄 수 있냐고 물어봤다. 사장님은 그렇게 해주겠다며 흔쾌히 승낙하셨고, 나는 집으로 배달을 부탁드렸다. 며칠 뒤 복조리가 도착했고, 나는 복조리를 받은 다음 날부터 낮에는 네트워크 마케팅 일을 하고 저녁에는 세상에 복을 전달하러 다니기 시작했다. 복조리를 팔면서 세상 사는 조리(條理)를 배울 줄이야. 조리는 '말이나 글 또는 일이나 행동에서 앞뒤가 들어맞고 체계가 서는 갈피'를 의미한다.

나는 주로 호프집 등 술집 사장님과 그곳에서 술을 드시는 손님들을 상대로 복조리를 팔았다. 많이 걷고, 땀도 많이 나다 보니 복장은 자연스레 걷기 편한 운동화에 모자를 쓰고 다녔다. 검은색 큰 가방에 그날 판매할 복조리를 넣어 한쪽 어깨에 둘러메고 다녔다. 가게에 들어가면 가장 먼저 사장님을 찾아 인사를 하고, 그 후 사장님께 양해를 구한 후, 손님 테이블을 도는 게 영업의 순서였다. 손님 테이블로 가는 것을 꺼리는 사장님이 계시면 그냥 나올 수밖에 없었기 때문에 나는 최대한 사장님께 공손히 부탁을 드렸다. 대개 사장님은 혼자였지만 내 잠재 고객인 손님들이 가게 안에 훨씬 더 많았기 때문이었다.

작은 실천을 진지하게 반복하면 반전이 시작된다

부천 송내역 근처에서 일할 때였다. 나는 한 호프집에 들어가서 손님 테이블을 돌며 복조리를 팔기 시작했다. 그러다가 20대 초중반 정도로 보이는 남녀 두 쌍씩 앉아 있는 테이블 앞에 서게 되었다. 복조리를 보여주며 설명하고 있는데, 한 남자가 나에게 "지금 이게 뭐 하는 거예요. 구걸하는 것도 아니고." 나는 순간 내 귀를 의심했다. 그래서 나는 반문하듯 물었다. "네?" 이에 그 남자는 다시 한번 나를 비꼬듯이 물었다. "지금 구걸하는 건가요?" 나는 순간 화가 치밀어 올라왔다. 그래서 들고 있던 복조리로 그 남자의 얼굴을 후려갈겼다(물론 마음속으로). 잠깐 침묵이 흐른 뒤 나는 좋은 시간 보내라고 말하고 밖으로 나왔다. 나는 영업을 하면서 스트레스를 받을 때면 가끔 초코우유를 사 먹곤 했는데 초코우유를 마시면서 화나는 마음을 좀 진정시켰다. 그러면서 나는 이런 생각을 했다. '저 친구는 살면서 어려움이라고는 안 겪어봤나 보다. 아니면 저 자리가 지금 저 친구에게 아주 중요한 자린가 보다.' 그렇게 생각하니 '그럴 수도 있겠구나!' 하는 생각이 들었다. 나는 그렇게 툴툴 털어버린 후, 다시 힘을 내서 세상에 복을 전달하러 다녔다.

우리는 살면서 종종 이해할 수 없는 상황과 마주칠 때가 있다. 그런 상황에서 짜증을 낸다고 상황이 이해될 리 없다. 그때 필요한 것은 '대체 왜 그랬을까?' 하는 생각이다. 우리가 누군가를 이해하기 위해 노력할 때, 스스로 성장하는 기회를 잡을 수 있게 된다.

의정부역 근처에서 복조리를 파는 날이었다. 이날은 크리스마스이브고 다음 날이 쉬는 날이라서 평소보다 늦게까지 팔 생각으로 복조리를 많이 챙겼다. 가방을 꽉 채우니 108개를 넣을 수 있었다. 확실히 이날은 어느 가게를 가더라도 평소보다 사람이 많았다. 밤이 깊을수록 가게마다 손님들로 만원이었다. 그런데 문제는 사장님들이 이날은 아무래도 손님 테이블에 가는 것을 허락하지 않는 경우가 많았다. 평소의 두 배 수량을 가지고 나왔기에 12시가 다 되어도 가방에는 아직 복조리가 많이 남아 있었다. 나는 오늘 가지고 나온 복조리를 다 판다는 각오를 되새기며 한 건물 한 건물, 한 가게 한 가게를 욕심 없이 편안한 마음으로 다니고 있었다. 건물 밖으로 나오니 살짝 눈발이 날리기 시작했다. 새벽 1시가 넘어가니 이제 복조리도 끝이 보이기 시작했다. 팔린 복조리 개수만큼 어깨의 가벼움이 느껴졌고, 마음의 가벼움도 느껴졌다. 새벽 2시쯤 나는 108

개의 복조리를 모두 팔고 건물 밖으로 나왔는데, 하늘에서 나를 축복하듯 함박눈이 펑펑 내리고 있었다.

작은 실천을 진지하게 반복하는 사람을 세상은 절대로 외면하지 않는다. 일확천금을 노리고 헛된 망상에 사로잡혀 있는 사람에게는 절대로 기회가 다가오지 않는다. 힘들고 어려워도 주어진 자리에서 최선을 다하는 사람에게 기회는 어느 날 갑자기 선물처럼 다가온다. 우공이산(愚公移山)의 진리다. 어리석은 노인이 산을 움직이듯 머리 좋은 사람보다 우직한 발걸음으로 자신의 꿈을 향해 진일보하는 사람에게 이상은 곧 현실로 다가온다.

왼손과 오른손 다음에 필요한 손은 겸손이다

건국대학교 근처 어느 술집에 들렀을 때 겪은 일이다. 가게에 들어서는 순간, 가게 안은 손님들로 꽉 차 있었고 50대로 보이던 네 명의 남자 손님들 테이블 앞에서 복조리 설명을 하고 있을 때였다. 그중 한 명이 나에게 이거 아르바이트로 하는 건지, 직접 물건을 떼다가 하는 건지 물으셨다. 나는 속으로 '그걸 왜 물어보시지?' 하는 생각이 들었다. 내가 잠시 멈칫하고 있으니 그분이 솔직히 답해주면 복조리를 사주겠다고 말씀하셨다. 그래서 나는 내가 직접 물건을 떼다가 파는 거라고 솔직히 말씀드렸더니 그분이 네 명에게 복조리를 하나씩 나눠주라 하시고 돈을 주셨다. 그러면서 그분은 내게 "자네는 앞으로 마음속에 '겸손'이란 단어만 잘 간직한다면 반드시 잘될 것이네"라고 격려까지 해주셨다. 그분이 나에게 정확히 어떤 의미로 그런 말씀을 하셨는지 나는 잘 몰랐다. 다만 그때부터 나는 마음속에 세 번째 손인 '겸손'을 간직하며 살고 있다.

"뭔가 다른 사람은 왼손과 오른손 위에 '겸손'을 갖고 다닙니다." 내가 참여하는 독서모임에서 유영만 교수가 쓴《이런 사람 만나지 마세요》[8]라는 책을 읽다가 이 문장과 눈이 마주친 적이 있다. 나는 이 문장을 보자마자 건국대학교 근처에서 복조리를 팔 때 일이 생각났다. "자네는 앞으로 마음속에 '겸손'이란 단어만 잘 간직한다면 반드시 잘 될 것이네"라고 했던 그때 그분의 음성이 다시 들리는 듯했다. 그리고 '이 문장이 내 눈에 들어오는 것을 보니 지금 내게 겸손이 필요한 시기인가보다'라는 생각이 들었다.

사람이 겸손하지 못한 이유 중 하나는 자신의 실력이 자기의 힘과 노력으로 축적한 결과라고 믿기 때문이다. 하지만 그 어떤 사람도 자기 혼자 힘만으로 이룬 것은 아무것도 없다. 우리가 먹고, 입고, 마시는 모든 것들, 심지어는 보이지 않는 지식과 신념까지도 누군가로부터 얻은 것이다. 이 사실을 아는 사람들은 겸손하다. 겸손할 뿐만 아니라 다른 이에게 도움이 되고자 노력한다. 겸손한 사람은 세상의 모든 것으로부터 배우려는 노력과 자세를 잃지 않는다. 겸손함을 잃는 순간, 사람은 거만해지고

---

8 《이런 사람 만나지 마세요》, 나무생각. 유영만(2019).

교만해지며 태만해진다. 인생의 끝을 향해 한없이 추락하는 원인은 겸손함을 잃기 때문이다. 건국대학교 근처에서 그때 그분이 나에게 마음속에 겸손을 잘 간직하며 살라는 의미가 바로 그런 의미가 아니었을까 짐작해 본다.

색다른 경험이
남다른 경지에 이르게 한다

해가 바뀌고 시간이 몇 개월 더 흘러 파트너들이 모두 떠나고 나도 네트워크 마케팅 일을 정리해야 했다. 그래도 내가 끝까지 남아서 파트너들에게 최소한의 도리를 했다는 마음과 함께 그들을 고생시킨 것 같아 미안한 마음이 들었다. 그 후 내가 다시 찾은 일은 전에 하던 핸드폰 영업이었다. 그런데 핸드폰 일을 하면 할수록 예전 같지 않게 뭔가 답답한 마음이 들었다. 이렇게 핸드폰만 팔아서는 앞으로의 내 미래가 별로 좋을 것 같지 않아서였다. 서른을 앞둔 나이에 크게 배운 것도 없고, 가진 것도 없는 상황에 놓이게 되니 한숨이 절로 나왔다. 어느 날 밤, 집 근처 중학교 운동장을 걷다가 뭔가 반전이 필요하다는 생각이 들었다. 그러던 중 동생 소개로 전에 네트워크 마케팅을 하면서 만났던 형님에게서 보험 일을 한번 해보자는 제안을 받게 되었다. 나는 사실 살면서 하고 싶지 않았던 영업 두

가지를 마음속으로 정해놓고 있었는데, 하나는 자동차 영업이었고, 다른 하나가 바로 보험 영업이었다. 정확한 이유가 있어서라기보다는 그냥 나랑 잘 맞지 않을 거 같아서였다. 그런데 나에게 보험 영업 제안이 들어온 것이다. 나는 보험 영업을 잘할 자신이 없었다. 인맥도 그렇고 지인들에게 가서 보험을 들어달라고 부탁하는 것도 싫었기 때문이다. 그런데 자세히 이야기를 들어보니 지인에게 영업을 안 해도 되고 영업방식도 여러 형태가 있으니 한번 해보자는 이야기였다. 결국 나는 내가 살면서 안 하겠다고 생각했던 보험 영업에 발을 딛게 되었다.

보험 영업은 크게 두 가지 형태로 나뉘었다. 하나는 일대일로 만나서 고객에게 필요한 이런저런 보험 상품을 다양하게 제시하며 계약을 받는 방식이었고, 다른 하나는 주로 한두 가지 전략 상품을 선택해서 여러 명 앞에서 브리핑해서 계약을 받는 방식이었다. 우리는 처음에는 브리핑 방식으로 영업을 시작했다. 내가 그것을 선택한 가장 큰 이유는 지인 영업을 굳이 안 해도 됐기 때문이다. 그리고 한 가지 더 이유가 있다면, 네트워크 마케팅 일을 하면서 사업설명회를 해본 경험 덕분이다. 지금 와서 돌이켜 생각해보면 내가 대중 앞에 서서 설명회를 해본 경험이 없었다면, 아마 나는 보험 영업을 안 했을 것이다. 경험의 중요성을 느끼는 순간이었다. 우리는 우리만의 방식으로 새롭고, 다양한 경험을 하며 누구보다 열심히 했다. 그러던 중, 형님이 어느 날 본인 아는 분이 이번에 새로 설립한 보험회사에 들어갔다고 말을 꺼내기 시작했다. 그러면서 거기는 국내에서 활동하는 거의 모든 국내외 보험사가 제휴되어 있어 고객에게 가장 좋은 상품으로 맞춤 서비스를 한다고 했다. 내용을 들어보니 내가 생각해도 콘셉트 자체가 너무 좋아 보였다. 고객에게 가장 좋은 맞춤 서비스를 해준다는 말에 나는 왠지 그 일이 해보고 싶어졌다. 뭔가 더 많은 것을 배울 수 있을 것 같았고, 성장을 통해 더 좋은 미래를 그려나갈 수 있을 것 같아서였다. 그렇게 우리는 종합재무설계 일을 하게 되었다.

자기 자신을 틀 안에 가두면 세상을 넓게 보지 못한다. '이래서 할 수 없고, 저래서 할 수 없다'라고 생각하거나, '나는 이건 절대 못 해! 절대 안 해!'라고 생각하면 할 수 있는 게 제한된다. 세상이 변해가고 새로운 것을 받아들이지 않으면 생존조차 어려워지는 시기다. 과거의 생각, 낡은 생각만 고집해서는 변화에 적응하기 힘들어진다. 생각은 색다른 도전과 경험을 통해 변화할 수 있다. 나를 주저하게 만들었던 보험 영업은 처음에는 위험해 보였고 나와 맞지 않는 다른 세상 이야기처럼 들렸다. 하지만 실제로 해보니 내가 못 할 일도, 안 할 일도 아니었다. 단지 스스로 가둔 고정관념이었다. 색다른 경험이 내 생각의 틀을 넓혀 나를 발전시키고, 남다른 경지에 이르게 하는 비결이라는 것을 깨닫는 소중한 계기가 되었다.

몸이 무너지면 인생도 무너진다

나는 입사 후 하루도 쉬지 못하고 일과 공부를 병행했다. 업무적으로는 고객들과의 미팅을 위해 자료를 수집, 분석하고 제안서를 만들었고, 해야 할 공부는 브리핑 영업과는 비교할 수 없을 정도로 많았다. 게다가 내친김에 여러 자격증 공부도 병행했다. 그렇게 6개월쯤 지나니 몸에서 뭔가 불편한 이상 신호가 나타났다. 밤에 불면증에 시달리고, 점점 입맛이 없어지고, 살이 빠지기 시작했다. 가슴에선 뭔가 따끔따끔한 신호가 있었고, 마른기침이 이어졌다. 병원에 가니 감기라며 감기약을 지어줬다. 감기약을 먹었는데도 몸 상태는 크게 호전되지 않는 듯했다. 하지만 나는 그 신호들을 무시한 채 계속 강행군을 이어갔다. 한번은 고객과의 오후 미팅을 앞두고 점심을 먹어야 하는데 밥이 넘어가지 않았다. 그래서 초콜릿을 두 개 사서 고객과 미팅 전에 한 개를 먹고 고객을 만났다. 상담이 길어져 2시간 이상을 상담하고 나니 몸에 진이 다 빠진 느낌이 들었다. 나는 남겨두었던 나머지 초콜릿 하나를 챙겨 먹고 가까스로 에너지를 보충했다. 그렇게 계속된 강행군에 결국 내 육체는 무너지고 말았다. 나는 각혈(咯血)을 하며 폐결핵으로 병원에 입원하게 되었다.

병원에 입원하기 전부터 나는 육체적·정신적으로 힘듦을 느꼈지만, 그것을 무시한 결과는 혹독했다. 폐결핵으로 병원에 입원해서도 나는 한 달 넘게 열이 내리지 않았다. 열 때문에 잠도 잘 못 자고, 식사도 거의 할 수가 없어서 평소 66kg 나가던 몸무게가 55kg까지 빠졌다. 키가 178cm이니 거의 몸에 가죽만 붙어 있는 모습이었다. 죽음에 대한 공포가 몰려왔다. 나의 이런 마음을 알았는지 의사가 나에게 예전 같았으면 죽었겠지만, 다행히 의학이 발달해서 나을 수 있을 거라며 희망 섞인 말로 나를 위로해주었다. 하지만 내 자존감은 이미 바닥까지 추락해 있었다. 병원에서 아무것도 할 수 없었다. 몸이 무너지니 세상도 한꺼번에 무너졌다. 건강은 건강할 때 지켜야 하는 소중한 인생과업인데 영업하는 일에 몰두하다 내 몸을 돌보지 않는 결과를 지금 마땅히 감당하고 있다고 생각했다. '정신력도 체력에서 나온다'는 말, '몸이 부도가 나면 인생도 부도가 난다'는 유영만 교수의 《부자의 1원칙, 몸에 투자하라》[9]의 메시지가 강렬하게 다가오는 이유는 무엇일까.

나는 병원에 입원하기 몇 달 전부터 가족들에게 아프면 안 된다는 말을 자주 하곤 했다. 그리고 나 자신도 아프면 안 된다는 말을 자주 했다. "아프면 안 돼. 아프면 안 돼." 그땐 몰랐지만, 시간이 한참 지나고서야 이 말의 반복이 결국 나에게 말이 씨가 되어 돌아왔다는 것을 깨달았다. 뇌는 긍정과 부정을 구별하지 않는다는 사실을 깨달았다. 뇌는 긍정에도 반응하고 부정에도 반응한다는 의미다. 예를 들어, 우리가 '입안에 레몬 한 조각이 있다고 상상하지마'라고 명령하면 뇌는 '입안에 레몬이 있구나!' 하고 반응하지, 그게 긍정인지 부정인지 따지지 않는다. 다시 반복해서 '입안에 레몬이 있다고 상상하지마. 어허, 입안에 레몬이 있다고 상상하지 말라니까' 그렇게 열 번 정도 반복하면 우리 입안에는 (레몬을 먹

---

9 《부자의 1원칙, 몸에 투자하라》, 블랙피쉬, 유영만, 김예림(2021).

어본 경험이 있다면) 오히려 침이 고인다. 이것이 우리가 긍정언어를 써야 하는 이유다. 그것을 깨달은 이후부터 나는 최대한 긍정언어를 쓰려고 노력하고 있다. 긍정도 부정도 정신이 결정하기보다 사실 몸이 결정한다. 몸이 망가지면 긍정언어도 순식간에 부정언어로 바뀐다. 몸이 말을 안 들으면 마음이 아무리 몸에 명령을 내려도 몸은 제멋대로 움직인다. 몸이 중심을 잡아야 마음도 중심을 잡는다.

'자살'을 뒤집어 '살자'로 다짐하다

병원에 입원한 지 약 50일 가까이 되어서야 나는 퇴원할 수 있었다. 병이 완치된 상태는 아니었고, 열이 내리기 시작하면서 어느 정도 식사가 가능해지고 그제야 좀 정신을 차릴 수 있게 된 정도였다. 그래서 퇴원 후에도 계속해서 약 복용과 통원 치료를 하면서 몇 달 동안은 경과를 지켜봐야 했다. 퇴원했지만 일상생활은 전과 같지 않았다. 우선 체력이 너무 많이 떨어져 있었다. 집 근처 공원에서 1km 정도를 걷는데도 숨이 차서 중간에 쉬면서 걸어야 할 정도였다. 당연히 그 체력으로는 일도 할 수 없었다. 나는 조급한 마음을 내려놓고 몸을 회복시키는 일에 집중했다. 몸이 중심을 잡지 못하니 마음도 덩달아 불안해지고 정신을 집중할 수 없었다. 자기관리는 체력관리에서 시작된다. 그런데 그동안 나는 내 몸에 대해 너무 소홀했고 돌보지 않았다. 자기 몸을 사랑하는 일이 모든 사랑의 시작임을 절실히 깨달은 시기였다.

내가 퇴원할 때 즈음 2008년 베이징 올림픽이 막 시작하고 있었다. 올림픽은 힘들었던 그 시절 나에게 힘과 위안이 되어주었다. 올림픽을 보는 순간만큼은 나도 대한민국 선수들과 하나 되어 응원했고, 최선을 다하는 선수들의 모습을 보며 내 삶에 의지도 조금씩 꿈틀거리기 시작했다. 그런데 올림픽이 끝나고 얼마 안 됐을 때, 대한민국을 발칵 뒤집는 사건이 발생했다. 당대 최고 연예인이었던 최진실 씨가 자살하는 사건이었다. 그야말로 전 국민이 충격에 빠졌고 그 후 베르테르 효과(Werther effect)로 자살하는 사람들이 많이 생겼다. 나도 그때 인생에서 가장 힘든 시기를 보내고 있었기에 자살하는 사람들의 마음이 내심 이해가 갔다. 하지만 나는 자살할 만큼의 용기도 없었고 어머니와 동생이 있었기에 자살 생각을 뒤집어 어떤 일이 있어도 꿋꿋이 살기로 다짐했다. 그리고 나는 지금껏 그 약속을 지키며 어떤 일이 있어도 꿋꿋이 살고 있다. 그리고 이런 나의 애써 살기가 책 쓰기 재료가 될 수 있다는 사실을 나는 훗날 알게 되었다.

수많은 성공 이야기를 들어보면 삶이 힘들어 자살을 생각해보거나 자살까지 시도해본 사람들이 많다. 《파리에서 도시락을 파는 여자》[10]의 저자이자, 영국 400대 부자 중 한 명인 켈리 최는 사업 실패로 10억 원의 빚을 지고 우울증까지 겪으며 약 2년간 힘들게 지냈다. 그러다 시골에 계

---

10 《파리에서 도시락을 파는 여자》, 다산북스, 켈리최(2021).

신 어머니를 위해서라도 자살하지 말고 자신의 행복한 모습을 보여드려야겠다고 생각했다. 그 후, 그녀는 매일 조금씩 걸으면서 체력을 기르고 성공자들의 책을 읽기 시작했다. 그리고 지금은 영국, 프랑스, 독일, 스웨덴, 덴마크 등 전 세계 12개국에 1,200여 개 매장을 가진 기업 켈리델리 회장이 되었다.

대한민국 최고 부자 셀트리온 서정진 회장도 마찬가지다. 서정진 회장은 은행 빚 독촉에 힘들어 자살을 시도하려고 양수리에 갔다. 하지만 자살에 실패하고 보름 뒤에 다시 죽기로 했다. 그러고 나서 보름 동안 주변에 만나는 사람마다 진심으로 "미안하다, 고맙다"라고 말을 하고 다녔다. 그렇게 하다 보니 어느 순간, 자신이 자살할 이유가 없어졌음을 깨달았다. 그 깨달음 이후로 서정진 회장은 사업을 하면서 미안하면 진심으로 미안하다고 말하고, 고마우면 진심으로 고맙다고 말을 했다. 그리고 그것이 자신의 성공비결이라고 이야기한다.

《주역》에 '물극필반(物極必反)'이라는 말이 나온다. '사물의 전개가 극에 달하면 반드시 반전한다'는 뜻이다. 인생에서 자살까지 생각할 정도의 상태를 겪었다면 인생의 거의 맨 밑바닥까지 추락한 상태였다고 할 수 있다. 하지만 극의 끝은 새로운 시작이다. 어둠이 짙어질수록 곧 밝음이 시작되고, 가을에 떨어지는 낙엽은 봄에 새싹이 된다. 실패와 성공의 관계도 마찬가지다. 실패 뒤에 성공이 있고, 성공 뒤에 실패도 있다. 그러니 올라갔다고 너무 자만하지 말고, 내려갔다고 너무 좌절하지 말자. 고속도로를 달리다 보면 종종 터널을 만날 때가 있다. 짧은 터널도 있고, 긴 터널도 있다. 하지만 어떤 터널이든지 그 끝은 반드시 있다. 인생에서도 터널을 지나가는 것 같이 어두운 시기를 만나게 될 때가 있다. 그리고 그 끝이 보이지 않을 때도 있다. 하지만 그 끝은 반드시 있다. 나는 살면서 이런 시기를 만날 때면 '내가 지금 터널을 지나가고 있구나!'라고 생각했다. 그리고 나는 진심으로 믿었다. 터널 끝은 반드시 있다는 사실을.

'자살'을 뒤집어 생각하면 '살자'가 된다. 지금 인생에서 힘든 시기를 겪고 있다면 다시 한번 살아보자는 마음으로 새롭게 시작해보자. 그 시작이 큰 성공의 출발점이 될 수도 있을 것이다. 바로 물극필반이 인생에 던져주는 의미다.

전화위복,
새로운 행복의 출발이다

시간이 지나면서 몸이 점차 회복되어가던 어느 날, 나는 공원을 걷다가 하늘을 보며 문득 이런 생각이 들었다. 내가 죽지 않고 살았을 때는 분명 뭔가 할 일이 남아 있다는 의미일 텐데, 그게 뭘까? 하지만 나는 그 뜻을 알 수 없었다. 그래서 나는 하늘을 바라보며 기도를 했다. '하늘이시여, 내가 있어야 할 곳으로 보내주소서! 내가 해야 할 일을 하게 하소서!' 그리고 나서 내 안에서 들려오는 내면의 소리에 귀를 기울였다. 그해 연말, 나는 보험 브리핑 영업을 다시 시작했고, 그때 내 마음가짐은 다시 살아보고자 하는 간절한 마음이었다. 간절함은 새로운 일을 시작하는 원동력일 뿐만 아니라 성공으로 가는 열정 열차의 엔진이자 연료다. 간절함의 크기는 내가 성취할 수 있는 높이도 결정한다. 간절할 때와 아닐 때는 일을 대하는 마음의 태도부터 달라진다. 간절하면 내가 할 수 없다고 생각했던 일도 할 수 있다는 생각으로 바뀌고 실제로 이뤄지는 경우가 많다. 내 마음속 간절함이 나의 열정을 서서히 끓어 올리고 있었다.

　해가 바뀌고 여름쯤 되니 나는 아프기 전 모습으로 거의 회복되었다. 한 가지 변화가 있다면 전에는 주로 영업을 수도권에서 했다면 이제는 거의 지방 출장이 생활이 되어 있었다. 보통 일요일 또는 월요일 오후에 지방으로 출발해서 금요일 오후 일정을 마치고 서울로 돌아오는 식이었다. 한번은 전라도 광주 일정이 월요일 이른 아침부터 잡힌 적이 있다. 겨울이고 눈이 내리고 있어서 나는 일요일 저녁 식사를 일찍 마치고 7시 전에 광주로 출발했다. 서해안고속도로를 타고 내려가는데 계속 눈발이 굵어지고 고속도로에도 눈이 수북이 쌓여갔다. 김제쯤 지나가고 있을 때 차들이 별로 보이지 않았다. 한참을 달리다 보니 앞에서 자동차 한 대가 주행차선에서 더디 가고 있는 게 보였다. 나는 그 차를 추월하기 위해 핸들을 우측으로 살짝 돌렸다. 그런데 갑자기 차가 내 뜻과 상관없이 미끄러지기 시작했고, 내가 제어할 수 없는 상태로 미친 듯이 고속도로 위를 회전하기 시작했다. 나는 순간 아찔함을 느끼면서 사고를 예감했다. 몇 바퀴를 돌고 나서 차가 고속도로 끝 차선 밖 어느 난간에 부딪히며 멈춰섰다. 차에서 내려 상황을 파악하니 차 트렁크가 찌그러졌고, 한쪽 타이어가 터져서 주저앉아 있었다. 보험사에 전화하니 그날 사고 접수가 많아서 1시간쯤 후에야 레커차를 타고 김제 근처 정비소로 이동할 수 있었다. 그때 큰 사고 없이 이만하기에 얼마나 다행인지 모른다. 그리고 이 사고는 내 삶에 전화위복이 되었다. 사고를 통해 나를 돌이켜 반성해보고, 이전과 다르게 사고(思考)할 수 있는 전환점이 된 것이다.

행복은 마음먹기 나름이다

밤 11시쯤 정비소에 도착했을 때는 일요일이라 아무도 없었다. 다행히 이동하면서 나는 렌트카를 부탁해두었고, 바로 받아서 다시 광주로 출발했다. 사고의 후유증은 없는 것 같았지만 이런 사고가 난 자체가 나에겐 정신적 충격이었다. '왜 하필 그 차량이 내 앞에 있었고 나는 천천히 핸들을 돌린다고 했는데 차가 왜 그렇게까지 미끄러졌을까?' 약간의 원망스러운 마음과 함께 후회의 마음이 교차했다. 그러면서 나는 다시 광주까지 가야 했기 때문에 아주 조심스럽게 차를 몰았다. 광주 숙소에 도착하니 새벽 1시가 조금 넘었다. 씻고 침대에 누워 천장을 바라보면서 나는 잠시 생각에 잠겼다. '만약 고속도로에 차량이 많았다면 큰 사고로 이어졌을 거야. 그러면 나는 지금 숙소가 아니라 병원에 누워 있겠지. 이만하길 참 다행이야. 병원이 아니라서.' 이렇게 생각을 하니 갑자기 마음속에서 감사한 마음이 들기 시작했다. 분명 내 상황은 전혀 달라진 게 없는데 어째서 감사한 마음이 드는 걸까? 사람은 같은 상황에서도 어떻게 생각하느냐에 따라 불행할 수도, 행복할 수도 있다는 사실을 깨닫는 순간이었다.

우리는 살면서 좋은 일과 나쁜 일을 수없이 겪으며 살아간다. 하지만 똑같이 안 좋은 상황을 겪었는데 어떤 사람은 그 안에서 불평불만을 쏟아내며 불행을 느끼고, 또 어떤 사람은 그 안에서도 감사와 행복을 느낀다. 우리가 겪는 상황을 바꿀 수 있다면 좋겠지만 엎질러진 물처럼 대개는 바꾸기 힘든 상황일 때가 많다. 그럴 때 우리가 선택할 수 있는 것은 우리 마음이다. 마음의 방향을 부정에 두면 온 세상이 불만스럽고, 긍정에 두면 세상 어떤 것에서도 감사를 찾을 수 있다. 긍정적으로 생각하는 사람은 먹구름 속의 태양이 있음을 인정하지만, 부정적으로 생각하는 사람은 먹구름만 보고 좌절하고 절망한다. '때문에' 안 된다고 부정하는 사람은 모든 상황에서 발생하는 문제의 원인을 밖에서 찾는다. 나 아닌 다른 사람이나 환경 때문에 안 좋은 일이 발생한다고 생각하고 누군가를 질책하고 추궁한다. '덕분에' 많은 걸 배웠다고 긍정하는 사람은 문제의 원인을 내 안에서 먼저 찾고 자문하고 자책한다. 비판적으로 주어진 상황을 점검하고, 반성하고, 성찰하면서 스스로 성장하고 발전한다. 반면 비난의 화살을 날리며 꼬투리를 잡고, 트집을 잡고, 상황이나 환경만 탓하면 성장이 멈추고 도태된다. 만약 내가 그 사고를 겪으면서 계속 안 좋은 상황만을 바라봤다면 나는 절대 감사한 마음이 들지 않았을 것이다. 하지만 마음의 시선을 돌려보니 그 안에서 감사를 찾을 수 있었다. '행복은 마음먹기 나름이다.' 이 깨달음은 내 삶의 지혜가 되어 나의 행복감을 높여주고 있다.

모든 인생은
영업이다

20대 중반, 두려움을 갖고 시작한 영업 인생이 어느덧 20년이 흘렀다. 그동안 크고 작은 일들이 많았고, 기쁘고 가슴 아팠던 일들도 많았다. 이 모든 것들이 모여 내 영업 인생을 만들었다. 그리고 그것은 내 인생에 상당 부분을 차지했다. 이렇게 오랜 시간 영업을 하면서 나는 영업에 대해 크게 두 가지 생각을 가지게 되었다.

첫째, 나에게 영업은 인연자를 찾는 게임이다. 그리고 반드시 내 인연자는 어딘가 존재한다는 생각이다. 지금 당장은 인연자가 아니라고 할지라도 또 다른 기회나 계기로 새로운 인연의 끈이 연결될 수도 있다. 인연은 강제로 맺어지거나 의도했던 대로 맺어지지 않는 경우도 허다하다. 우연한 만남으로 맺어지는 강력한 인연도 있고, 누군가의 소개로 만나는 필연적인 인연도 있다. 나의 이런 생각과 경험은 일이 힘들고, 생각처럼 일이 되지 않을 때마다 나에게 힘이 되어주었다. 내가 어떤 영업을 하든지 나에게 인연이 되는 고객은 항상 존재했기 때문이다. 그러면서 나에게 계약을 해준 분들께 늘 감사한 마음이 든다. 그리고 비록 내 고객이 되지는 않았어도 나에게 뭔가를 깨닫게 해준 분들, 심지어는 나에게 상처를 주고 시련을 주어서 내 마음을 키워준 분들도 인연자라 생각한다. 그들을 만나지 않았더라면 내가 깨우칠 수 없었던 마주침도 여러 번 있었기 때문이다. 나 이외의 모든 사람은 나에게 어떤 가르침이라도 선물로 주는 스승이라고 생각한다. 낮은 자세로 겸손하게 대하면 세상의 모든 사람은 저마다의 고유한 선물을 들고 내게 다가오는 배움의 스승이다.

둘째, 모든 인생은 영업이다. 그리고 우리가 살면서 표현하는 모든 것들이 영업이라는 생각이다. 사람은 누구나 태어나고 죽는다. 내가 태어났을 때 많은 사람이 와서 축하를 해줬다. (물론 기억에 없지만) 나의 영업이 시작된 것이다. 울면서 젖 달라고, 똥 쌌다고 슬슬 본격적으로 영업을 시작한다. 커가면서 친구들에게 잘 보이기 위해 영업을 하고, 회사에서 좋은 관계를 유지하기 위해서도 영업을 한다. 승진을 위해, 매출을 늘리기 위해서도 부단히 영업활동은 이어진다. 그리고 마지막에 우리는 죽은 후에도 영업을 한다. 내가 죽었으니 와서 인사라도 좀 해달라고(물론 남은 가족들이 하겠지만). 그리고 조금 엉뚱한 생각을 덧붙이자면 본인의 뜻인지는 모르겠지만, 영업활동이 죽은 후에도 계속되는 사람들도 있다. "호랑이는 죽어서 가죽을 남기고 사람은 죽어서 이름을 남긴다"는 말을 실천하는 분들이다. 우리가 다 아는 세종대왕, 이순신 장군, 백범 김구, 안중근 의사 등 지금까지도 자신의 이름을 기억하게 하는 위인들이다. 이들의 특징은 다른 이를 생각하는 마음이 컸던 분들이다. 아주 영업을 잘하신 분들이다. 나는 이분들의 그런 큰마음을 본받고 싶다.

3

심장 뛰게 만들어준 설렘의 멘토,
내 인생의 영원한 스승이 되다

인생에서 좋은 스승을 만난다는 건 하나의 행운이다. 특히 운명을 바꿔줄 스승을 만난다면 그것은 인생의 커다란 축복이다. 나도 그런 스승을 만나고 싶었지만 아쉽게도 학창시절에는 만나지 못했다. 하지만 사회생활을 시작하면서 여러 명의 멘토를 만났고, 그들은 나에게 꿈과 소망을 찾는 데 도움을 주었다. 그들과의 만남은 마치 정지된 내 심장을 심장충격기로 심폐소생하는 느낌이었다. 밋밋하게 뛰던 내 심장이 그들과의 만남을 통해 힘차게 뛰기 시작했다. 그들의 기억을 떠올리며 과거로 돌아가는 일이 나에게 다시 설렘으로 다가온다.

두려움 너머 설렘의 꽃이 피다

이영권 박사
– 경제를 알아야 경제적 자유를 누릴 수 있다

이영권 박사를 처음 만난 건 20대 때 선불요금제 관련 네트워크 마케팅 일을 할 때의 일이다. 나와 파트너들은 경기도 어느 연수원에서 1박 2일로 진행되는 연수를 받으러 갔다. 토요일 오후부터 일요일 오후까지 교육시간이 잡혀 있었다. 토요일 오후 2시쯤 시작된 강의는 밤 10시가 되어서야 모두 끝이 났다. 강의가 끝나고 나서도 우리는 숙소에서 새벽까지 이야기를 나누다 몇 시간 못 자고 아침 일찍부터 다시 서둘러야 했다. 첫 강의가 8시 대부터 잡혀 있었기 때문이었다. 이렇게 이른 아침부터 시작되는 강의에 사람들은 별 기대를 않고 모이기 시작했다. 우리 팀도 큰 기대 없이 강의장 뒤쪽 부근에 자리를 잡고 앉았다. 대충 봐도 강사와 우리가 있는 자리까지 거리는 30m는 족히 될 정도로 강의장이 굉장히 넓었다. 강의가 시작되고 강사가 인사를 시작했다. 마이크를 사용하고 있어서 목소리는 또렷이 들렸고 강사의 목소리는 크고 우렁차게 느껴졌다. 강의 주제는 경제 이야기였다. 조금 더 풀어서 이야기하자면 경제를 알아야 성공할 수 있다는 내용이었다. 강사는 선경(지금의 SK)에서 오랫동안 근무했고, 직접 200여 개 나라를 다녀봤다며 자기소개를 이어갔다. 나는 강의를 들으면서 점점 강의에 빠져들기 시작했다.

주위를 둘러보니 이른 아침 시작된 강의였지만, 졸고 있는 사람이 안보일 정도로 사람들은 강의에 매료되어 있었다. 물론 나도 마찬가지였다. 경제 이야기를 이렇게 쉽고 재밌게 풀어낼 수 있다는 것에 사람들은 감탄했고, 강사의 흥을 돕는 추임새까지 연신 뿜어대고 있었다. 그러던 중, 갑자기 강사가 매직을 들고 화이트보드에 세계지도를 그리기 시작했다. 거침없는 속도로 세계지도가 완성됐고 그걸 그리는 데 걸린 시간은 채 10초가 안 돼 보였다. 나는 하나의 예술 행위를 보는 듯한 느낌이었다. 그야말로 압권이었다. 세계지도를 저렇게나 빨리, 거기다 정확히 그리는 사람을 태어나서 처음 보는 순간이었다. 그러면서 이어지는 소련이 미국에 무릎 꿇게 된 이야기, 미국 때문에 일본이 경기 침체를 겪게 된 이야기는 굉장히 흥미롭게 들렸다. 나는 정말 시간 가는 줄 모르고 강의에 빠져들었고, 이건 내 인생에서 들었던 강의 중 최고로 손꼽히는 강의가 되었다. 그러면서 나는 속으로 당장이라도 경제 공부를 시작해야겠다고 생각했다. 경제를 알아야만 경제적 자유를 누릴 수 있을 것 같았다. 그리고 강사는 우리가 중국을 주목해야만 한다고 말했다. 이것은 비유하자면 한국이란 땅 옆에 중국이란 나라가 큰 부동산 개발이 이뤄지는 형국이니 한국이 세계에서 가장 큰 수해를 볼 수 있다는 이야기였다. 강사의 말대로 추후 한국은 미국보다 중국에 수출을 더 많이 하는 국가가 되었다.

성실은 밭이고, 유능은 씨앗이다

강의 후반부에 강사는 네트워크 마케팅을 하는 사람에 대한 조언을 아끼지 않았다. "네트워크 마케팅 시장은 앞으로 더 성장할 것이며, 성공하기 위해서는 성실과 유능이라는 두 바퀴가 잘 돌아갈 때 가능하다. 성실은 밭이고 유능은 씨앗이다. 좋은 밭에 좋은 씨앗을 뿌렸을 때 결과도 좋을 확률이 높다. 그래서 사람은 우선 성실해야 하는데 그 첫 번째는 일찍 출근하는 것부터다. 일찍 출근하는 사람은 마음이 여유롭다. 그리고 주변 사람들에게 신뢰감을 준다. 하루 일을 어떻게 해나갈지 정리를 한 후 업무를 시작하니 업무 효율이 높다. 반면 늦게 출근하는 사람은 마음이 급하다. 자주 지각하는 사람은 사람들에게 신뢰를 잃는다. 늦게 왔으니 허둥지둥 업무를 시작하기에 바쁘다. 자연히 실수가 잦고, 업무 효율이 낮다."

하나같이 공감 가는 이야기였다. 나도 그렇게 실천해야겠다는 생각이 들었다. "유능하기 위해서는 책을 많이 읽고, 경제 공부를 해야 한다. 우선 한 달에 네 권의 책을 사서 읽어라. 이사할 때도 책을 보물단지처럼 들고 다녀라. 경제 공부의 첫 번째는 경제 신문을 읽는 것이다. 두 개 이상을 비교해가며 읽으면 좋다. 처음에는 어렵더라도 큰 글씨로 된 제목부터 시작해 점점 내용까지 읽어라. 그렇게 6개월만 읽으면 대충 경제가 어떻게 돌아가는지 보일 것이다."

강의가 끝나고 많은 사람이 기립해서 손뼉을 치기 시작했다. 나도 서서 손뼉을 쳤다.

그 강의를 들은 후, 나는 집으로 돌아와서 바로 경제 신문 두 개를 구독했다. 유능을 채우기 위한 마음이었고, 지금보다 더 나아지고 싶은 나의 바람이 섞인 행동이었다. 책은 평소에도 읽고 있었기에 경제 공부를 시작하고 싶은 마음이 더 컸다. 처음에는 경제에 대한 배경 지식이 별로 없다 보니 정말 큰 제목 위주로 읽다가 차츰 관심이 있는 내용을 읽기 시작했다. 그러다 주식 투자를 하면서는 관심 있는 내용을 스크랩하기 시작했다. 그렇게 시작된 경제 공부는 방법만 조금 달라졌을 뿐, 지금도 이어지고 있다. 그리고 이제는 국내뿐만 아니라 세계 경제에도 관심이 늘었다. 몇 년 전, 이영권 박사가 고인이 되었다는 사실을 우연히 알게 되었다. 갑자기 묘한 기분이 들었다. 나는 사실 그분을 몇 번 뵙지는 못했지만, 차를 타고 다니면서 카세트로 녹음된 그분의 강의를 듣고 또 들으며 족히 수십 번을 들었다. 그러면서 그분의 가르침은 점점 나에게 피가 되고 살이 되었다. 그래서였을까. 나는 그분이 내게 가르쳐준 성실과 유능을 생각하며 마음속으로 그분의 명복을 기원했다.

두려움 너머 설렘의 꽃이 피다

성실과 유능 중 무엇이 더 중요할까? 사람마다 생각이 다르겠지만 세상은 자꾸 유능해지라고 한다. 유능하면 좀 성실하지 못해도 용서되고, 유능하지 못하면 높은 성실성마저 묻혀버리는 세상이다. 물론 세상을 살아가는 데 능력은 분명 중요하다. 하지만 그 능력이 누군가에게 피해를 주는 거라면 그게 과연 유능일까? 능력이 좀 부족하지만, 그래도 누군가에게 도움이 된다면 그걸 누가 무능하다고 할 수 있을까? 유능의 기초가 남을 위하는 마음 위에 건설될 때 그 유능은 더욱 빛난다. 유능함은 기능에서 시작되고, 한 분야에 대한 기술적 전문성이 탁월하지 않고는 유능해질 수 없다. 하지만 그 밑바탕에는 성실함이 먼저 깔려야 한다. 이영권 박사는 강조했다. 조금 실력이 부족해도 성실함을 우선해야 한다고. 성실은 좋은 밭이기 때문에 보통의 유능이란 씨앗을 심어도 세상에 도움이 될 수 있지만, 성실하지 않으면 아무리 좋은 유능도 세상에 독이 될 수 있다고. 요즘 부모 능력을 믿고 으스대며 타인에게 피해를 주는 경우를 종종 보게 된다. 이영권 박사가 했던 말이 생각나는 이유는 뭘까. 나도 이제 이영권 박사의 말이 점점 공감되는 나이가 되어가나 보다.

공병호 박사
— 내가 선택하고 내가 책임진다

공병호 박사를 처음 만난 건 20대 때 내가 자주 이용하던 도서관에서였다. 박사는 자기경영, 경제, 독서, 미래예측 등 다양한 주제로 1년이 멀다 하고 책을 냈다. 나는 그 시절 그의 책을 도서관에서 많이 빌려 읽었고, 직접 구매해서 읽기도 했다. 그러던 중 네트워크 마케팅 일을 하고 있는데 센터에 그의 강의 녹음테이프가 비치된 것을 발견했다. 나는 왠지 반가웠고 테이프를 몇 개 샀다. 비록 그를 실제로 한 번도 보지 못했지만, 책을 통해 그의 이미지를 대충 짐작하고 있었다. 그는 시간 관리를 아주 철저히 하는 사람이었고, 1분 1초를 허투루 보내지 않는 사람이었다. 녹음된 강의를 들어보니 그의 목소리에서도 그렇게 느껴졌다. 나는 지방 출장을 다니면서 그의 책을 읽고, 강의 테이프를 들으면서 많은 시간을 그와 함께했다. 그러면서 그가 제시한 여러 가지 방법들을 삶에 적용해보았다. 그리고 그 실천 방법 중 두 가지는 지금까지도 실천하고 있고, 앞으로도 평생 실천할 것이다. 한 가지는 내가 선택하고 내가 책임지는 습관이고, 다른 한 가지는 자투리 시간을 활용해서 책을 읽으라는 내용이다.

나는 어렸을 때 소심해서 다른 사람들이 만들어놓은 길, 사람들이 많이 가는 길을 선택하는 것이 편한 사람이었다. 그래서 평소 별로 내 의견이 없었고 다른 사람들 취향에 주로 내 의견을 맞추는 편이었다. 예를 들어, 중국음식점에 가서 짜장과 짬뽕을 주문하는데 대부분 짜장을 주문하면 나도 짜장을 주문했고, 짬뽕을 주문하면 나도 짬뽕을 주문하는 식이었다. 사실 그 정도는 내게 별로 대수로운 일이 아니었다. 하지만 사회생활을 시작하면서, 특히 영업을 시작하고부터 나는 스스로 달라져야만 했다. 영업은 누가 이렇게 저렇게 하라고 지시하는 것만 따라 해서는 좋은 성과를 낼 수 없기 때문이었다. 내가 선택하고, 결과에 대해 스스로 책임질 줄 알아야만 살아남을 수 있었다.

그런 생각과 경험이 쌓여가고 있을 때쯤 "내가 선택하고 내가 책임진다"는 공병호 소장의 말은 내게 깊은 공감을 불러일으켰다. 사람은 내가 선택하고 내가 책임진다는 생각이 있을 때, 비로소 홀로서기를 할 수 있다. 그리고 이런 생각은 남을 탓하지 않고 자신을 반성하게 한다. 자신을 반성하고 성찰하는 사람은 성장할 수 있다. 이번에는 내가 부족했지만 앞으로 더 잘하겠다는 다짐을 갖게 한다. 네트워크 마케팅 일을 접으면서 나는 그 누구도 원망하지 않았다. 내가 선택한 것이었고 그에 대한 책임도 나에게 있기 때문이었다. 공병호 박사가 내게 준 첫 번째 교훈이었다.

자투리 시간을 잘 활용하자

누구에게나 똑같이 하루 24시간이 주어진다. 하지만 그것을 활용하는 능력은 모두 다르다. 돈에는 많은 관심을 가지고 소중히 다루면서도 시간의 중요성을 아는 사람들은 생각보다 많지 않다. 그건 나도 마찬가지였다. 인생이 유한한 것임에도 불구하고 시간을 허투루 보낼 때가 많았다. 공병호 박사는 자신의 경험을 예로 들면서 자신은 해외 출장을 다닐 때면 항상 가방에 책을 가지고 다녔고, 심지어는 미용실에 갈 때도 항상 책을 들고 갔다고 했다. 그러면서 5분, 10분의 시간만 있어도 책을 읽는다며 자투리 시간을 잘 활용할 것을 강조했다. 이 말에 나도 이 방법을 바로 실천해봐야겠다고 생각했다. 그 당시 나는 핸드폰 영업을 하고 있을 때라 거의 지하철로 움직였다. 전날 미리 다음 날 갈 지역을 정하고 아침에 현장으로 바로 이동하는 동안 나는 지하철을 타고 짧게는 20~30분, 길게는 1시간 넘게 이동해야 했다. 그래서 나는 박사의 말대로 그 시간에 책을 읽기로 작정하고 집에서 나가기 전, 가방에 그날 읽을 책을 미리 챙겨두었다.

지하철을 기다리며 또 지하철 안에서 책을 읽는데 처음에는 어색했다. 하지만 그것은 차츰 익숙해져갔다. 책을 읽으면서 가는 그 시간이 어느 순간부터 나에게 즐거움이 되었다. 어떤 때는 책 읽기에 너무 심취한 나머지 내려야 할 역을 지나칠 때도 종종 있었다. 하지만 나는 그럴 때마다 기분이 나쁘다기보다 내가 책 읽기에 이렇게나 빠져 있었다는 것에 흐뭇한 미소가 지어졌다. 일이 끝나고 사무실로 들어갈 때, 집으로 돌아오는 도중에도 지하철에서 책을 읽었다. 그렇게 계속해서 읽다 보니 어느새 책 읽기는 나에게 완전히 습관이 되어버렸다. 그 해 읽은 책만 50권이 넘었다. 이것이 계기가 되어 책 읽기는 내 평생 습관으로 이어지고 있다. 자투리 시간을 잘 활용한 덕분이었다. 이것이 공병호 박사가 내게 준 두 번째 교훈이었다.

하루 24시간을 분으로 나누면 1,440분이고, 하루의 1%는 약 15분이다. 24시간은 왠지 많게 느껴지지만, 15분의 시간은 별것 아닌 것처럼 느껴진다. 하지만 하루 1%의 시간이 1년간 모이면 큰 힘을 발휘한다. 예를 들어, 책 한 권이 300페이지고 책 한 장을 읽는 데 1분의 시간이 소요된다고 가정하면 우리는 하루 15분을 투자해서 1년에 책 열여덟 권을 읽을 수 있다. 이 말에 "정말?" 하고 놀라는 사람도 있을 것이다. 하지만 이것은 사실이다. 하루 15분에 15장, 10일이면 150장, 그리고 20일이면 300페이지 책 한 권을 읽게 된다. 그렇게 2개월이면 60일이기 때문에 책 세 권을 읽는다. 그리고 2개월씩 여섯 번, 12개월이면 책 열여덟 권을 읽을 수 있다. 요즘 바빠서 책 읽을 시간이 없다고 하는 사람들이 많다. 하지만 아무리 바빠도 과연 하루 중 1%의 시간이 없을까? 우리가 하루 동안 메신저 확인과 유튜브 영상을 보며 의미 없이 보내는 시간이 얼마나 될까? 나는 사람들이 누군가를 돕는다며 급여의 1% 정도를 기부하는 모습을 본 적이 있다. 반면 자신의 미래를 위해 하루 1%의 시간을 투자하는 데 인색한 사람들도 많이 봤다. 내가 미래의 나에게 하루 1%의 시간을 선물한다 생각하며 책을 읽으면 어떨까? 꼭 책이 아니더라도 미래의 나에게 최소 하루 1%의 시간을 선물해보자. 미래 어느 시점이 되면 스스로 이렇게 말하게 될 것이다. "그때 그걸 시작하길 참 잘한 것 같아"라고.

이지성 작가
‒ 성공은 꿈꾸는 능력에 달렸다

　30대 초반, 새해가 막 시작됐을 무렵 '오디언(audien)'을 통해 《생생하게 꿈꾸면 이루어진다》는 이지성 작가의 강의를 우연히 듣게 되었다. 삶에 있어서 성공하고자 하는 열망이 있었기에 나는 귀를 기울여 듣기 시작했다. 작가는 초등학교 선생님으로 근무했었고 작가가 되고 싶었다. 원고를 쓴 후 수십 군데 출판사에 출판을 의뢰했지만 모두 거절을 당했다. 마지막으로 한 군데만 더 넣어보고 여기마저도 안 되면 뛰어내려야겠다는 각오까지 했다. 하지만 그마저도 거절당하고 결국 그는 뛰어내렸다(침대에서). 나는 웃음이 났다. 그러면서 뒤에 내용을 들으면서부터 나는 점점 진지해지기 시작했다. 작가는 양자역학 이야기를 꺼내며 "이 세상은 양자로 되어 있는데 이 양자는 나의 관찰과 생각에 반응한다. 그리고 그 힘은 우리가 상상할 수 없을 만큼 크다. 예를 들어, '100원짜리 동전 다섯 개가 우리 함께 힘을 발휘해볼까?' 하고 에너지를 한곳에 집중시키면 잠실 운동장에 가득 채워진 물도 끓일 수 있다. 성공하는 사람들은 이 양자역학의 원리를 터득하고 활용할 줄 안다. 그리고 그것을 체계적으로 가르치는 사람도 있다. 나는 나의 책이 전 세계로 퍼져나가는 꿈을 꾼다"고 말했다. 그 후 그의 말대로 그의 책은 국내에서 100만 부 이상 팔리는 스테디셀러가 됐고, 해외 여러 나라로 퍼져나갔다. 나는 살면서 한 번도 들어보지 못한 이야기에 완전히 매료되었고 그날 당장 서점으로 가서 그의 책《꿈꾸는 다락방》[11]을 샀다.

저녁에 집에 돌아와서 차분한 마음으로 책을 천천히 읽기 시작했다. 책은 서문부터 굉장히 나에게 흥미를 일으켰다. 왠지 책 안에서 요술램프 속 소원을 들어주는 거인 지니를 만날 것 같은 기분이 들었다. 그 후 이어지는 사례들은 하나같이 내게 깊은 인상을 남겼고, 어떤 부분에서는 눈물이 글썽였다. 그건 슬퍼서라기보다는 뭔가 모를 위안과 미래에 대한 희망이 보이는 것 같아서였다. 지금 내가 처한 상황이 어떻든 생생하게 꿈꾸면 이루어진다는 말과 그렇게 해서 성공한 사람들의 이야기를 나는 믿고 싶었다. 나는 성공하고 싶었다. 작가는 "성공하는 사람과 그렇지 못한 사람의 차이는 노력이 아니라 생생하게 꿈꾸는 능력에 달렸다"고 했다. 나는 그 말에 수긍이 갔다. 주변에는 누가 봐

---

11 《꿈꾸는 다락방》, 국일미디어, 이지성(2010).

도 정말 열심히 살았지만 가난하게 사는 사람들이 많이 보였다. 나도 별반 다르지 않았다. 노력으로 따진다면 우리네 부모님과 조부모님은 지금보다 훨씬 더 부유하고, 행복하게 살아야 한다고 나는 생각했다. 그들은 6.25전쟁과 일제 식민시대를 겪으면서 정말 죽기 살기로 살아온 세대이기 때문이다. 하지만 그들 대부분은 현실이 늘 고됐고, 쪼들렸고, 심지어는 그렇게 죽어라 산 결과, 건강을 잃은 경우도 많았다. 나는 모진 세상, 꿋꿋하게 살아주신 어머니께 왠지 감사한 마음이 들었다.

좋은 책은 좋은 친구와 같다

《꿈꾸는 다락방》을 한마디로 정리하면, 성공하고 싶으면 꿈을 시각화하라는 이야기였다. 여기서 말하는 성공은 내가 일반적으로 알던 성공뿐만 아니라 원하는 이성을 만나는 것, 건강한 삶을 사는 것도 포함되어 있었다. 그리고 책에는 그것들을 이루기 위한 생생하게 꿈꾸는 방법들이 제시되어 있었다. 자신이 간절히 원하는 것을 글로 적기, 말로 하기, 사진 붙이기, 동영상 보기, 장소에 가서 상상하기 등 다양한 방법들을 제시했다. 그러나 방법보다 중요한 것은 믿는 마음이었다. 진짜 그렇게 된다고 믿는 것이 중요했고, 더 나아가서는 그렇게 됐다고 믿고 행동하는 것이 중요했다. 이것은 론다 번이 쓴 《시크릿》[12]에도 나왔던 내용이었다. 사실

---

12 《시크릿》, 살림Biz, 론다 번 지음, 김우열 옮김(2007).

《시크릿》을 읽었을 때는 이만큼의 느낌을 받지 못했다. 그땐 더 어렸고 성숙하지 못했으며, 세상을 느끼고 받아들이는 능력이 부족했다. 하지만 이 책은 내게 강력한 느낌으로 다가왔다. 그러면서 내게 뭔가 변화의 때가 되었음을 알려주는 듯했다. 나는 책을 읽고 나서 '지금 내 꿈이 뭘까? 내가 진정 원하는 게 뭘까?'를 다시 생각해봤다. 당장 이렇다 할 꿈이 생각나지 않았고, 우선 내가 하는 보험 일에서 최고가 되어야겠다고 생각했다. 그리고 그것을 글로 적었다. 그것을 집에도 붙이고 차에도 붙이고 심지어는 코팅까지 해서 지갑 속에 넣고 다녔다. 그리고 또 내가 원하는 것, 갖고 싶은 것을 사진으로 출력해서 내 삶의 영역에 붙이기 시작했다. 그 후 시간이 지나면서 나는 회사에서 주는 우수 업적상을 여러 번 탔고, 최고 업적상을 타기도 했다. 내 인생에서 맞은 첫 번째 전성기였다.

누가 만약 나에게 내 인생 최고의 책이 뭐냐고 묻는다면 아마 나는 별 고민 없이 《꿈꾸는 다락방》이라고 답할 것이다. 그 이유는 이 책이 내 삶에 가장 큰 변화를 일으켰기 때문이다. 좋은 친구는 자신을 성장시켜주는 사람이다. 그래서 좋은 친구를 만나면 왠지 기분이 좋아진다. 그리고 자신을 변화시키고 성장시키는 좋은 책을 만나도 기분이 좋다. 《꿈꾸는 다락방》은 나에게 좋은 친구 같은 느낌이어서 나는 옆에 두고 시간이 날 때마다 읽고 또 읽었다. 어떤 일을 새롭게 추진할 때, 삶에서 뭔가 의욕이 떨어졌을 때, 나는 이 책을 다시 읽었다. 내가 이 책을 읽는 것은 단지 책을 읽는 행위를 넘어 마치 에너지를 먹는 행위와 같았다. 그렇게 이 책을 읽은 횟수가 열 번이 넘었고, 책을 쓰기로 마음먹으면서도 다시 찾아 읽었다. 그리고 고객들에게, 주변 사람들에게 이 책을 선물로 많이 건넸다. 한번은 내가 책을 선물했던 여성 고객에게서 너무 좋은 책을 선물해줘서 고맙다고 전화가 왔다. 나는 그 고객에게 내가 아주 좋아하고, 믿을 만한 친구를 소개해준 것 같아 기분이 좋았다. 한 사람을 여러 이성이 좋아하면 보통은 골치 아픈 일이 생긴다. 하지만 책은 다르다. 책은 한 번에 여러 명과도 좋은 친구로 지낼 수 있고, 의사소통만 잘 된다면 외국에 있는 친구들과도 잘 사귄다. 그런 의미에서 나도 사람들에게 좋은 책과 같은 친구가 되고 싶다.

법륜 스님
– 낮춤이 곧 높임이자 맞춤이다

　30대 중반, 나는 차를 타고 다니거나 산책하면서 라디오팟을 통해 법륜 스님의 '즉문즉설'을 자주 듣곤 했다. 그 시절 나는 왠지 사람 공부, 인생 공부를 해봐야겠다고 생각했고, 사람들이 어떤 고민을 하며 사는지 궁금했다. 물론 나 자신이 가진 고민에 대한 궁금증도 풀고 싶었다. '즉문즉설'의 질문 내용을 보면서 내가 듣고 싶은 것을 찾아 듣기도 했고, 그냥 나오는 순서대로 듣기도 했다. 즉문즉설 안에는 인생을 살면서 고민할 수 있는 다양한 주제, 즉 연애, 집착, 번뇌, 죽음, 이별, 교육, 사랑, 질투, 가족, 친구, 국가, 평화, 환경 등 삶의 거의 모든 주제가 담겨 있었다. 듣다 보니 다른 사람의 고민을 들으면서 내가 미처 생각하지 못했던 것들을 생각해보는 계기가 되었다. 마치 보물창고 안에 들어와서 구경하다가 마음에 드는 보물이 있으면 내 마음속에 살며시 간직해두는 기분이었다. 나는 특히 스님이 질문자에게 답하는 내용을 유심히 들었다. 스님은 질문자에게 자꾸 반문하며 질문자가 스스로 깨닫게 하기도 했고, 촌철살인 같은 대답으로 청중들이 박수를 쏟아내게 만들기도 했다. 나는 '즉문즉설'을 들으면서 청중들과 같이 공감하며 웃기도 했고 때로는 안타까움을 같이 느끼기도 했다. 이를 통해 인생에 대해 조금씩 알아간다는 느낌이 들었다. 다양한 체험적 지혜와 촌철살인의 교훈이 담긴 '즉문즉설'은 법륜 스님이 아니면 도저히 할 수 없는 독보적인 인생 상담소였다.

한 청년이 스님에게 "스님, 좋은 배우자를 만나려면 제가 어떻게 해야 할까요?"라고 질문했다. 청년은 결혼할 시기도 된 것 같았고, 결혼하고 싶은 마음도 진지하게 있는 것 같았다. 그리고 이 질문은 나에게도 굉장한 관심거리였다. 나도 30대 중반이었고 혼자 살 생각이 없었기에 이 물음에 스님이 과연 뭐라고 하실지 대답이 궁금했다. 질문에 스님은 "상대에게 맞출 마음의 준비를 해라. 예를 들어, 상대가 바다를 좋아하면 내가 비록 산을 좋아하더라도 바다에 같이 가줄 마음이 있어야 하고, 상대가 산을 좋아하면 내가 바다를 좋아하더라도 산에 같이 가줄 마음을 가져야 한다. 그런 마음이라면 누구와 결혼해도 좋고, 상대에게 내가 맞춰줄 마음의 준비가 되었을 때 결혼하는 것이 좋다"라고 말씀하셨다. 나는 스님의 대답을 듣고 마치 스님이 나에게 해주는 말씀처럼 느껴졌다. 그래서 결혼하기 전에 반드시 이 마음을 갖춰야겠다고 생각했다. 그것을 마음속에 깊이 새겼던 결과였을까? 나는 아내를 만나 사귀고 결혼할 때 딱 그 마음으로 결혼했다. 어느 날, 아내가 나에게 왜 이렇게 자기에게 잘 맞춰주냐고 물은 적이 있다. 그래서 나는 법륜 스님에게 들었던 이야기를 아내에게 들려줬다. 우리는 지금껏 서로 존댓말을 하며 살고 있고, 이렇다 할 싸움 한 번 하지 않았다. 상대에게 맞추는 것이 내가 행복해지는 지름길이라는 것을 나는 몸소 깨달았다. 나를 낮추고 상대방을 높여주면 저절로 나도 높아진다. 나를 높이고 상대를 낮추면 나도 낮춰진다. 낮춤이 곧 높임이자 맞춤이다.

좋은 게 꼭 좋은 게 아니고, 나쁜 게 꼭 나쁜 게 아니다

'즉문즉설'을 자주 듣다 보니 정말 많은 사람이 다양한 주제로 다양한 고민을 하며 산다는 것을 알게 되었다. 내가 생각했을 때 별거 아닌 것 같은데 질문자는 아주 심각하게 느끼기도 했고, 정말 누가 들어봐도 기구한 사연을 가진 질문자도 있었다. 그러면서 나는 문득 20대 때 동료와 선배들과 함께 회식하며 이야기를 나눴던 장면이 떠올랐다. 동료가 자기가 이런 고민이 있다고 이야기하니 한 선배가 그건 별것도 아니라는 식으로, 자기는 그것보다 훨씬 더 힘든 상황도 겪었다며 약간 무시하는 듯한 분위기로 흘러가고 있었다. 그때 나이 든 다른 선배가 "사람은 모두 자기가 겪고 있는 아픔이 제일 큰 거야. 다른 사람이 암에 걸려 죽겠다고 해도 내 손톱 밑에 박힌 가시가 더 아픈 거야"라고 말을 했다. 이 말은 나에게 깊은 인상을 주었다. 하지만 나는 이 말을 오랫동안 잊고 있었다. '즉문즉설'이 나에게 이 기억을 상기시켰다. 우리는 살면서 종종 이런 우를 범하곤 한다. 본인의 잣대로 상대방의 고민을 가볍게 무시하기도 하고, 자기가 겪는 고통이 세상에서 가장 큰 아픔인 양 너스레를 떨기도 한다. 나는 순간 내가 생각했을 때 별것 아닌 고민이라고 생각했던 것을 반성하게 되었다. 내 몸으로 겪어보지 못한 고통은 그저 타인의 입장에서 방관하거나 관조한다. 내 몸이 개입되지 않으면 머리로 이해는 가지만 가슴으로 느낌이 오지 않는다. 타자의 입장이 되어 그 사람의 신발을 신고 직접 그 사람처럼 행동해보지 않으면, 그 사람이 겪고 있는 고통을 몸으로 느낄 수 없다.

사람들이 스님에게 많이 하는 질문 중 하나가 "A와 B 중 어느 것을 선택하면 좋을까요?"라는 질문이었다. 예를 들면, "이혼하는 게 좋을까요? 그냥 사는 게 좋을까요?" 같은 질문이었다. 생각해보니 이런 선택적 질문은 크고 작음의 차이일 뿐이지, 살면서 나도 많이 하고 있었다. 아니, 어쩌면 삶 속에서 매일같이 일어나고 있었다. 음식을 주문하기 전, '이걸 먹을까? 저걸 먹을까?', 운전하면서 '이 길로 갈까? 저 길로 갈까?' 등등. 나는 '사람들이 왜 이런 질문을 할까?' 하고 곰곰이 생각해봤다. 이런 질문의 본질은 선택에 대한 확신이 없기 때문이었고, 본질의 핵심은 후회 없는 선택을 바라는 마음이었다. 스님은 삶에서 일어나는 모든 것들이 "좋은 게 꼭 좋은 게 아니고, 나쁜 게 꼭 나쁜 게 아니다"라고 말씀하셨다. 쉬운 예로, 쥐가 쥐약이 묻은 잘 차려진 음식이 있어 얼씨구나! 좋다고 먹는 것과 먹으려고 애쓰는데 안타깝게도 먹지 못한 것을 인생에 비유하셨다. 우리가 살면서 좋다고 생각했던 것이 오히려 나쁜 결과일 수 있고, 나쁘다고 생각했던 것이 뜻밖의 행운이 될 수 있는 게 인생이라고 말씀하셨다. 그래서 나는 요즘은 살면서 큰 중요한 결정적 선택을 할 때면 하늘에 이렇게 기도한다. '하늘의 뜻대로 하옵소서!' 그리고 그 메시지를 보고, 듣고, 느껴지는 모든 것들을 통해서 온몸으로 받으려고 노력한다.

어떤 현상을 누가 어떤 입장에서 어떤 목적의식이나 문제의식을 갖고 바라보는지에 따라 전혀 다르게 이해되고 해석된다. 똑같은 사물이나 현상도 나의 관점으로 해석될 뿐이다. 나에게 좋다고 모든 사람에게 좋은 것도 아니고, 나에게 나쁘다고 모든 사람에게 나쁜 것도 아니다. 그 반대도 마찬가지다. 나의 입장과 기준으로 상대를 일방적으로 평가하고 판단하는 어리석음에서 벗어나기 위해 늘 정신을 흔들어 깨워야 하는 이유다.

피터 드러커
– 삶의 방향은 '죽은 뒤 어떤 사람으로 기억되고 싶은가'에 달렸다[13]

나에게 20~30대는 성공에 대한 갈증이 많이 느껴지는 시기였다. 나는 '어떻게 하면 성공할 수 있을까? 성공하는 사람들은 어떻게 해서 성공했을까?' 하는 궁금증에 이런저런 성공 방법을 찾았다. 그래서 성공한 사람들의 강의를 듣고, 책을 많이 찾아 읽었다. 나는 특히 성공한 사람들의 자서전적 책이나 성공에 관한 자기계발서를 읽는 것을 좋아했다. 그러다 보니 자연히 피터 드러커(Peter Ferdinand Drucker)에 관한 책들도 접하게 되었다. 그는 현대 경영학의 아버지라 불리며 이 시대 경영자들에게 많은 영향을 준 인물이다. 빌 게이츠(Bill Gates)는 자신에게 영향을 준 최고 경영

---

13 이 부분은 다음 책을 참고로 작성되었음을 밝혀둔다. 《피터 드러커 평전》, 한국경제신문사, 이재규(2001)

학자가 누구냐는 질문에 "당연히 드러커지요"라고 답한 바 있다. 드러커는 96세까지 살면서 평생 경영자들이 좋은 성과를 낼 수 있도록 돕는 연구와 저술 활동을 끊임없이 했다. 그가 그런 삶을 살자고 결심한 것에는 우연한 계기가 있었다.

드러커가 열세 살 때 일이다. 종교 과목 시간에 신부님께서 학생들에게 "너희들은 죽은 뒤 어떤 사람으로 기억되고 싶니?"라는 질문을 던지셨다. 당연히 죽음조차 생각해보지 않은 아이들은 아무도 그 물음에 대답할 수 없었다. 하지만 시간이 지나 드러커는 이 물음에 답을 찾기 시작했다. 그리고 마침내 그는 답을 찾았다. 그는 경영자들이 성과를 내도록 돕는 사람이 되겠다고 결심했다. 그 결과, 그의 지식적 산물들이 전 세계로 퍼졌고, 지금까지도 그의 흔적은 세계 어느 곳에서나 찾을 수 있다. 많은 책에서, 광고 문구에서, 그가 했던 말과 글이 인용되었다. 그리고 내 삶에도 그의 흔적들이 한자리 차지하게 되었다.

"너희들은 죽은 뒤 어떤 사람으로 기억되고 싶니?" 이 문장은 나도 모르는 사이에 내 머릿속에서 계속 맴돌기 시작했다. 그러면서 '나는 죽어서 어떤 사람으로 기억되고 싶은가?'를 계속 혼자 중얼거렸다. 나는 이 물음에 답을 찾기 시작했다. 그러던 어느 날 내가 죽은 뒤를 생각하니 가장 먼저 장례식이 떠올랐다. 나는 내 장례식 모습을 천천히 상상하기 시작했다.

내 나이 100세 가까운 어느 해 10월의 맑은 가을 하늘 아래 내 장례식
이 열린다. 나를 아는 지인들이 삼삼오오 모여 앉아 이런저런 이야기
를 나눈다. 예전의 장례식장 모습과 달리 왠지 카페 분위기가 물씬 풍
긴다. 마치 갤러리에 와 있는 것 같은 분위기도 느껴진다. 네 명이 앉
아 있던 한 테이블에서 누군가가 이런 말을 꺼낸다. "학수 선생님께
도움 많이 받았는데 참 고마운 분이었어." 그 말을 들은 앞 사람이 "그
래 맞아"라며 맞장구를 쳐준다. 그 모습을 지켜보던 내 영혼은 보일
듯 말 듯 엷은 미소를 지어 보인다.

내가 이런 상상을 하게 된 것은 크게 두 가지 기억에서다. 첫 번째는 내
가 폐결핵으로 병원에 입원해 있을 때 적어도 나와 가까운 사람이 돈 때
문에 자살하거나 수술을 못 받아 죽지 않으면 좋겠다고 생각했다. 그래
서 나는 사람들에게 조금이라도 물질적인 도움을 주는 사람이 되고 싶었
다. 두 번째는 내가 영업을 하면서였다. 조금 더 자세히 말하자면, 내가
교육하고 동행했던 후배들이 성장하는 모습을 지켜보면서였다. 처음에
는 영업을 두려워하고, 서툴렀던 후배들이 어느 순간 일을 하는 데 설레
고, 행복해하는 모습을 보게 되었다. 그 모습에 나도 모르게 행복감이 느
껴졌다. 그때 나는 내가 누군가에게 도움이 될 때 행복해한다는 걸 알게
되었다. 머릿속 생각들이 하나씩 정리되면서 나는 마침내 결론을 내렸다.
나는 사람들에게 물질적·정신적으로 도움을 주는 삶을 살아야겠다고 결
심했다. 그리고 이것이 나의 삶의 방향, 즉 가치관이 되었다. 생각해보니

이것은 내 좌우명 '물처럼 살자'라는 내용과 맥을 같이했다. 이것이 내 삶의 소명이라는 생각이 들었다. '죽은 뒤에 어떤 사람으로 기억되고 싶은가'는 삶의 방향을 잡아준다. 삶의 방향을 잡고 싶다면 이 질문을 자신에게 던져보자. '나는 죽은 뒤에 어떤 사람으로 기억되고 싶은가?' 그 답을 찾는다면 분명 삶의 방향을 찾을 수 있을 것이다. 피터 드러커처럼.

성공하는 사람들은 문제가 아니라 기회에 몰두한다

피터 드러커는 세상에 많은 명언을 남겼다. 그의 명언 중 나는 "성공하는 사람들은 문제에 몰두하지 않는다. 그들은 기회에 몰두한다"라는 문장을 좋아했다. 이 문장을 좋아했던 이유는 아마도 내가 문제에 많이 몰두했던 사람이었기 때문인 것 같다. 나는 평소 실수에 대해 자책의 시간이 긴 편이었다. '아, 그때 그렇게 하지 말았어야 했는데', '아, 그때 이렇게 해야 했는데' 이런 식의 자책을 남몰래 많이 하면서 살았다. 또 어떤 낯선 것을 만나면 그것을 적극적으로 받아들이기보다 '잘못되면 어떡하지?'라고 생각하며 피하고 싶은 마음도 컸다. 이런 면에서 나는 문제에 몰두하는 사람이었다. 그런데 영업을 시작하고 다양한 경험을 하면서, 책을 읽고 강의를 계속해서 들으면서 나는 점점 기회에 몰두하기 시작했다. 나는 기회를 찾고자 운전하고 다니면서 간판을 유심히 관찰했고, 눈에 띄는 현수막 광고를 살폈다. 신문과 잡지를 통해 도움 될 만한 기사를 찾는 것이 일상이었고, TV와 라디오에서 나오는 광고를 보고 들으면서 시대의 흐름을 읽으려 노력했다. 기회가 어디에 있는지 찾으려 애를 썼다. 나는 마치 꿀을 찾는 한 마리의 호박벌이 되어가는 느낌이었다.

세상이 빠르게 변화하고 있는 게 느껴졌다. 그리고 그 변화에 내가 적응하지 못하면, 아니 앞서가지 못하면 기회가 없다고 생각했다. 최근 코로나19는 그 변화의 속도를 급속히 높여놨다. 코로나로 인해 세계적인 기업들은 사활을 걸고 미래 세상을 우리가 생각하는 것보다 앞당기려 총력을 기울이고 있다. 하지만 개인들은 여전히 코로나 전 세상을 동경하며 변화가 두렵다고, 어지럽다고 말한다. 코로나가 문제라며 코로나가 끝나기만을 바라고 있다. 코로나는 이미 발생한 심각한 문제이자, 위기가 맞다. 그러나 코로나 '때문에'라고 말하며 과거에 매달려 있는 사람과 코로나 '덕분에'라고 말하며 미래를 내다보며 기회를 찾는 사람은 천지 차이가 나게 된다. 세상은 문제로 보면 보이는 모든 것이 문제가 될 수 있고, 기회로 보면 보이는 모든 것이 기회가 될 수 있다. 다만 어떤 눈으로 세상을 바라보느냐에 달렸다. 이제 시선을 돌려 문제가 아니라 기회를 봐야 할 때인 것 같다. 마치 문제가 아니라 기회를 보며 사는 호박벌처럼 살아야 할 것 같다.

내가 호박벌에 관해 처음 알게 된 건 《열정에 기름 붓기》[14]라는 책에서

---

14 《열정에 기름 붓기》, 천년의상상, 이재선, 표시형, 박수빈, 김강은(2015).

였다. 다른 좋은 내용도 많았지만, 호박벌 이야기가 내게는 굉장히 인상적이었다. 그러면서 나도 호박벌처럼 살고 싶다는 생각이 들었다. '호박벌이란 이름을 가진 벌이 있다. 호박벌은 몸은 크고, 날개가 작아서 과학적으로는 날 수 없는 벌이다. 그런데 호박벌은 날 수 없는 신체구조를 가지고도 하루 200km까지 날아다닌다. 비결이 뭘까? 호박벌은 자신의 신체적 문제점을 보지 않는다. 대신 목표에 집중한다. 비록 몸에 비해 짧은 날개를 가졌지만 다른 벌들보다 몇 배 더 빨리 날갯짓한다. 호박벌이 삶을 살아가는 생존비결이다'. 피터 드러커의 말과 호박벌이 내 머릿속에서 만나는 순간, 나는 삶을 어떻게 살아야 할지 조금 더 시야가 선명해지는 느낌이 들었다.

문제가 아니라 기회에 몰두하는 삶의 태도는 아주 중요하다. 문제를 보는 사람은 과거를 지향하지만, 기회를 보는 사람은 미래를 지향한다. 과거를 지향하는 사람은 옛날이야기를 하느라 다가오는 시대의 기회를 못 보지만, 미래를 지향하는 사람은 비전을 이야기하며 다가오는 시대의 기회를 잡으려 노력한다. 기회를 보는 사람은 낯선 마주침을 즐기며 새로운 깨달음을 행복한 공부라 여긴다. 기회를 잡는 사람은 적극적이고 능동적으로 미래를 보는 사람이다. 그리고 그런 사람이 세상을 이끌어가는 리더다.

기회라는 것은 마치 밤송이에 들어 있는 밤과 같다. 보통 사람은 기회가 와도 무섭다며 전율을 느끼고, 성공하는 사람은 기회가 왔을 때 감격

스러운 전율을 느낀다. 차이가 뭘까? 우리말에 '속을까 봐'라는 말이 있다. 누군가에게 속아서 불이익을 당함을 의미한다. 하지만 '속을까 봐'를 다르게 생각해서 '속을 까봐'로 띄어 읽으면 그 의미가 완전히 달라진다. 속을 까서 보라는 의미가 된다. 속을 까보는 수고 없이 밤을 맛있게 먹을 수는 없다. 밤송이를 까고, 껍질을 벗기고, 가장 안쪽에 있는 보늬까지 열심히 벗겨내야 맛있는 밤을 맛볼 수 있다. 기회도 마찬가지다. 누가 다 까 놓은 알밤처럼 기회를 우리에게 거저 가져다주지 않는다. 기회라 생각되면 속을까 봐 두려워 말고 열심히 속을 까봐야 한다. 까봐야 진짜 기회인지 가짜인지 알 수 있다.

  보통 사람은 밤송이가 주는 두려움과 겉으로 드러난 모습을 보고 내 앞에 주어진 기회를 문제로 본다. 하지만 기회를 보는 사람은 겉으로 보이지 않는 밤송이 속의 알밤이 지닌 맛의 비밀을 꿰뚫어 보는 사람이다. 보이는 것만 가시적으로 믿는 사람과 보이지 않는 걸 투시해서 믿는 사람은 큰 차이가 난다. 고기도 먹어본 사람이 알고, 연애도 해본 사람이 알고, 기회도 잡아본 사람이 잡는다. 성공은 마치 맛있는 알밤처럼, 기회가 왔을 때 열심히 속을 까보는 사람들에게 주는 보상이라는 생각이 든다.

유영만 교수
- 진짜 공부는 체험하는 공부다

공자는 나이 40을 불혹이라 말하며 유혹에 흔들리지 않는 나이라 했다. 하지만 내 나이 40은 꼭 그렇지 못한 시기였다. 세상에는 많은 유혹이 있었고, 나는 그 유혹을 모두 이겨낼 만한 능력이 부족했다. 깊은 고난이 찾아왔고 시련을 이겨내고자 노력하던 시기였다. 그러던 어느 날, 내가 컬러상담 교육을 받고 이수했던 센터에서 독서모임을 주최한다는 소식을 듣게 되었다. 센터장님은 유영만 교수라는 분을 모시고 독서모임을 주최하는데, 한 달에 한 번 모이고, 나이 40대 이상으로 열다섯 명을 넘지 않을 거라고 말씀하셨다. 나는 혼자서 책을 오랫동안 읽어왔지만, 독서모임은 처음이라 내게 뭔가 새로운 느낌을 줄 것 같은 예감이 들었다.

첫 번째 모임이 있는 날이었다. 그때 교수님은 막 《책 쓰기는 애쓰기다》[15]라는 책을 내셨고 그동안 낸 책이 무려 90권이 넘는다고 말씀하셨다. 그 이야기에 나는 깜짝 놀랐다. '책을 90권이나 쓴 사람이 과거, 현재를 통틀어 몇 명이나 될까?' 하는 생각에 저절로 존경스러운 마음이 들었고, 교수님이 위대해 보였다. 그런 위대한 업적에도 불구하고 교수님은 소년 같은 면이 있으셨다. 언어유희를 좋아하셨고, 그것을 즐기셨다. 그뿐만 아니라 교수님은 다양한 체험적 삶을 살고 계셨다. 국내 마라톤 완주는 물론이고 사하라 사막 마라톤을 뛰기도 했고, 킬리만자로 정상을 오를 정도로 모험과 경험을 좋아하셨다. 나에게 새로운 멘토, 그것도 옆에서 살아 숨 쉬는 멘토가 내 곁에 다가왔음을 직감했다.

교수님은 독서모임을 통해 자신의 경험을 바탕으로 진정한 공부에 대해, 체력의 중요성에 대해, 글쓰기의 필요성에 대해 자주 말씀하셨다. 공부에 대해서는 ≪공부는 망치다≫를 바탕으로 '진정한 공부란 시험공부처럼 하기 싫은 공부를 억지로 하는 것이 아니라 자신이 좋아하고 가슴 떨리는 것을 찾아서 하는 공부다. 공부는 책상에 앉아서만 하는 것이 아니고 체험을 통해 느끼고 성찰하는 것이다. 공부하는 가장 큰 이유 중 하나가 공감하기 위해서다. 공감은 타인의 아픔을 머리로 이해하는 것이 아니라 가슴으로 느끼는 거다. 우리는 자연을 통해서도 많은 것을 배울 수 있다. 예를 들어, 도요새는 지렁이를 잡아먹으며 산다. 도요새가 비 오

15 《책 쓰기는 애쓰기다》, 나무생각, 유영만(2020).

는 날 지렁이를 잡아먹는 것은 어렵지 않다. 하지만 비가 오지 않는 날도 도요새는 지렁이를 잡아먹는다. 어떻게 비가 오지 않는 날 도요새가 지렁이를 잡아먹을 수 있을까? 지렁이는 빗방울이 땅에 떨어질 때 울리는 진동으로 비가 오는 것을 안다. 도요새는 비가 오지 않는 날 부리로 땅바닥을 두들겨서 마치 지렁이로 하여금 비가 오는구나 착각하게 만든다. 이처럼 우리는 자연을 관찰하고, 고찰하고, 통찰하고, 성찰해야 한다. 자연은 배움의 터전이기 때문이다'라고 말씀하셨다.

나는 교수님의 말씀에서 진정한 공부에 대해 많이 공감할 수 있었다. 내가 그동안 해온 공부도 학교 공부가 아닌 세상에서 몸으로 부딪치고 깨지면서 배운 것이 많았기 때문이다. 체력의 중요성에 대해서는 《부자의 1원칙, 몸에 투자하라》[16]를 강조하셨다. '몸은 모든 것의 기초다. 체력을 길러야 한다. 체력이 곧 뇌력이다. 몸은 정신을 담는 그릇이기 때문에 몸이 무너지면 정신도 무너진다. 무너진 몸으로는 아무리 정신력을 앞세워도 몸이 말을 듣지 않는다. 몸이 정신을 지배하는 것이지 정신이 몸을 지배하지 못한다. 나는 사하라 사막 마라톤을 뛰면서 그것을 절실히 느꼈다. 250km를 달려야 하는데 120km쯤 됐을 때, 체력에 한계가 왔다. 더 뛰다가는 죽을 것 같아서 레이스를 포기했다. 체력이 부족했기 때문이다. 부자가 되기 위해서도 체력이 중요하다. 보통 사람들은 몸에 투자

---

16 《부자의 1원칙, 몸에 투자하라》, 블랙피쉬, 유영만, 김예림(2021).

하는 것을 무시하지만 부자들은 몸에 투자한다.'

그러면서 교수님은 자신이 말한 대로 운동하는 모습을 우리에게 틈틈이 보여주셨다. 나는 교수님 말씀에 100% 공감했다. 폐결핵으로 병원에 입원했을 때, 나 역시 건강한 몸과 체력의 중요성을 절실히 느꼈기 때문이다. 건강의 중요성은 백 번을 이야기해도 지나치지 않는 것 같다.

쓰기 위해 읽으면 나도 모르게 생각도 익어간다

교수님은 "쓰기 위해 읽는다"고 말씀하셨다. 나는 쓰기 위해 읽는다는 이야기를 처음에는 대충 이해했을 뿐 정확한 의미를 알 수 없었다. 하지만 시간이 지나면서 그 말뜻을 점점 더 이해할 수 있었다. 우리는 보통 책을 읽고 그냥 그때의 느낌을 순간 느끼고 지나간다. 그래서 시간이 지나면 머릿속에도, 마음속에도 별로 남는 게 없다. 하지만 쓰기 위해 읽을 때는 느낌이 다르다. 더 집중하게 되고, 특히 쓰기 위해 생각을 많이 하게 된다. 나는 독서모임을 하기 전에도 책을 읽고 독서 후기를 나름대로 정리한 기간이 10년이 넘었다. 하지만 내가 하는 방식과 교수님께서 추천해주신 방식은 조금 달랐다. 나는 책을 읽으면서 좋았던 문장을 쭉 적어놓고 마지막에 느낀 점을 전체적으로 적는 방식이었다. 하지만 교수님은 책을 읽다가 감동을 주는 인두 같은 문장 세 개를 뽑고, 그 문장마다 느낀 점을 적고, 실천할 점을 적어보라고 말씀하셨다. 그리고 마지막에 읽은 책을 한마디로 정리하면 총 열 개의 글이 된다고 하셨다.

그러면서 "글쓰기는 발상이 아니라 연상이다"라는 이야기도 해주셨다. "예를 들어 '막걸리'라는 단어를 들었을 때 대부분 사람은 해물파전, 등산, 비 오는 날을 먼저 떠올린다. 그것은 막걸리에 대한 특별한 경험이 없거나 막걸리에 대해 깊이 생각해보지 않았기 때문이다. 글이 잘 써지지 않는 이유는 한 가지 주제와 관련된 연상되는 생각이 떠올라야 하는데 재료가 부족해서다. 책을 많이 읽지 않고 경험한 것도 적으면, 상상력을 발휘할 글감이 부족해진다. 그래서 많이 읽고 다양하게 경험하는 것이 중요하다."

나는 '막걸리' 하면 필름 끊긴 기억부터 떠올랐다. 내 주량도 모른 상태에서 대학교 신입생 환영식 때 막걸리와 소주를 섞은 것을 한 사발을 들이키고 완전히 뻗어버렸던 웃픈 기억이다. 독서모임 횟수가 늘어갈수록 다양한 경험과 책을 읽으면서 기록하는 일이 글짓기를 하거나 책을 쓸때 얼마나 소중한 글감으로 연상되는지를 알게 되었다.

교수님이 추천해준 방식으로 책을 읽고, 글을 쓰니 이전과 다른 색다름이 느껴졌다. 가장 느낌 있는 문장 세 개를 골라 문장마다 느낀 점을 글로 쓰다 보니 문장 하나, 하나가 한 편의 짧은 글이 되었다. 유시민 작가는 "우리가 생각하는 것을 글로 적어보지 않으면 그것이 자기 생각이 아닐 때가 많다. 자신의 것이라고 믿는 생각과 감정을 짧게라도 문자로 적어봐야 그것이 진정 내 것인지 알 수 있다"라고 말한다. 우리는 남의 생각을 마치 내 생각인 것처럼 생각하며 살 때가 많다. 사회가 만들어놓은 생각과 관념들에 종속되어 진정 자기 생각이 무엇인지 모른 채 남이 좋다고 하는 것을 맹목적으로 따라간다. 그러려고 이 땅에 태어난 게 아닌데, 나는 나인데, 내가 남이 아닌데 왜 그렇게 살고 있을까를 글을 쓰면서 점점 깨닫게 되었다. 쓰지 않으면 내 생각을 구조적으로 정리할 시간을 갖지 못한다. 그리고 아무리 많이 읽어도 내 생각으로 잉태되지 않는다. 나는 다른 사람의 생각을 나의 언어로 쓰면 쓸수록 복잡한 생각도 단순하게 정리된다는 느낌을 받았다.

읽기의 완성은 쓰기다

교수님은 쓰기 위해서는 우선 열심히 살아야 한다고 강조하시며, 삶을 열심히 살면서 느껴지는 게 많을수록 글의 소재가 풍부해진다고 말씀하셨다. "어제와 다른 오늘을 살아내려는 안간힘이 힘든 삶을 살아가게 만든다. '지금까지'보다 '지금부터' 다르게 살아내려는 애쓰기가 책 쓰기의 재료가 되는 '살기'다." 교수님이 쓴 《책 쓰기는 애쓰기다》에 나오는 문장이다. 나는 '애쓰기'라는 추상적 느낌의 단어를 조금 더 구체적으로 풀어 생각해봤다. 우리는 아기 때 걷기 위해 애를 썼고, 젓가락질하기 위해 애를 썼다. 커서는 운전을 하기 위해 애를 썼고, 직장에 들어가서는 업무에 적응하기 위해 애를 썼다. 이처럼 애쓰기는 낯선 것을 향한 도전에서 시작됨을 알 수 있었다. 그러므로 언젠가 책을 쓰고자 하는 나도 책의 재료가 풍부해질 수 있도록 도전을 습관화해야겠다는 생각이 들었다. 그러면서 나는 교수님이 왜 그토록 다양한 경험을 하시는지 조금은 알 것 같았다.

교수님은 쓰면 쓰임이 달라진다고도 말씀하셨다. 이 말을 듣고 언젠가 《대통령의 글쓰기》[17]를 쓴 강원국 작가가 강연에서 했던 말이 생각났다. "글을 쓰면 말하는 데 쓸 수 있고, 쓴 것을 가지고 강의도 할 수 있다. 나는 말을 더 잘하기 위해 쓴다"라는 내용이었다. 나도 그러고 싶었다. 그래서 독서노트도 정리하고, 일기도 계속 써왔다. 나도 언젠가 쓰기를 통해 쓰임이 달라지는 때가 오리라 믿었다. 그런데 그게 생각보다 빨리 다가왔다. 내가 감히 책 쓰기에 도전했고, 책을 쓴다고 애쓰다 보니 유영만 교수와 유시민 작가, 강원국 작가가 말한 쓰기의 중요성이 자꾸 떠올랐다. 역시 겪어보지 않은 사람은 먼저 겪어본 사람에게 낮은 마음의 자세로 배워야 한다는 생각이 들었다.

'책을 읽고 남는 게 없다면 읽고 한 줄의 느낌이라도 써보자. 그러면 한 줄이라도 남는 게 있다.' 이것이 쓰기를 통해 내가 배운 깨달음이다. 읽기가 쓰기로 연결되지 않으면 읽기로 배운 깨달음의 흔적이 소리 없이 사라진다. '기억은 짧고, 기록은 오래간다'라는 말이 있다. 기억하려고 애쓰지 말고 기록해보자. 쓰는 게 남는 거다. 읽기의 완성은 쓰기다.

---

17 《대통령의 글쓰기》, 메디치미디어, 강원국(2014).

4

나에게 설렘을 키워준 습관 목록,
내 인생의 소중한 자산이 되다

사람은 누구나 알든 모르든 자기만의 습관을 지니고 있다. 습관은 제2의 천성이라 불리며 세 살 버릇 여든까지 가기도 한다. 그만큼 습관은 우리 삶에서 떼려야 뗄 수 없는 존재다. 어떤 습관은 내 마음에 쏙 들어 평생 같이 가고 싶은 데 반해 어떤 습관은 당장이라도 떼어버리고 싶은 마음이 든다. 비유해서 말하자면 몸에 붙은 멋진 근육은 평생 같이 가고 싶은 습관이고, 배를 잔뜩 둘러싸고 있는 뱃살과 옆구리살은 떼어내고 싶은 습관이다. 습관은 하루아침에 만들어지지 않는다. 좋은 습관이든 나쁜 습관이든 그것이 만들어지기 위해서는 오랜 시간이 필요하다. 그리고 습관은 주변 환경에 영향을 받을 때가 많다. 부모가 책을 많이 읽으면 자식도 책을 읽게 될 확률이 높고, 부모가 여행을 좋아하면 자식도 여행을 좋아하게 될 확률이 높다. 사업가 집안에서 사업가가 나오고, 학자 집안에서 주로 학자가 나오는 것도 환경적 습관 때문이다. 두려움을 느끼는 것도 습관이 될 수 있고, 두려움을 극복하며 설렘을 느끼는 것도 습관이 될 수 있다.

독서노트
– 프로포즈의 산 증인이 되다

책을 읽는다는 것은 중요하지만 급하지 않은 일에 시간을 투자하는 행위다. 그리고 성공자들은 하나 같이 독서의 중요성을 강조한다. 빌 게이츠는 "오늘의 나를 있게 한 것은 우리 동네 도서관이었다. 하버드대학 졸업장보다 소중한 것이 독서하는 습관이다"라고 말했다. 또 "사람은 책을 만들고 책은 사람을 만든다"라는 말도 있다. 그만큼 독서는 인간에게 있어서 가장 가치 있는 활동 중 하나라고 말할 수 있다. 내가 주로 책을 읽기 시작한 것 20대부터였다. 책을 왜 읽었냐고 묻는다면 한마디로 성공하고 싶어서였다. 성공하는 사람들을 보니 모두 독서를 강조했고, 독서는 삶을 변화시키는 힘이 있다고 믿었다. 처음에는 책을 눈으로 읽기만 하다가 점점 책에 밑줄을 긋고, 여백에 작은 메모를 적었다. 한번은 도서관에서 책을 읽다가 사색의 중요성에 관한 내용을 보게 되었다.

나는 잠시 책을 덮고 산책을 하면서 사색에 대해 생각했다. 그때 문득 '독서가 작가가 차려놓은 음식을 먹는 행위라면 사색은 그것을 소화하는 행위다'라는 생각이 들었다. 그리고 더 잘 소화하려면 책을 읽은 후, 독후감을 쓰면 좋을 것 같았다. 그 후 나는 노트를 한 권 사서 책을 읽은 후 몇 줄이라도 독후감을 쓰기 시작했다. 처음부터 노트에 바로 쓰지 않고 우선 빈 종이에 내가 책을 읽으면서 좋다고 밑줄 친 내용을 적은 뒤 전반적인 느낌을 적었다. 그리고 며칠 묵혀두었다가 적어놓은 글을 퇴고해서 독서노트에 옮겨 적었다. 그렇게 하다 보니 책 읽는 것이 왠지 더 재밌고, 글을 정리하는 과정에서 즐거움도 느껴졌다. 색다른 즐거움이었다. 그리고 이것을 꾸준히 하다 보면 언젠가 이 노력이 빛을 발할 때가 있으리라 생각했다. 책을 읽고 느낀 점이나 배운 점을 다시 나의 언어로 재정리하는 과정 가운데 나의 체험적 틀로 책이 걸러지면서 살아 숨 쉬는 지식으로 거듭난다. 남의 책을 읽고 나의 지식으로 재창조하는 지식창조 독서법이 한 가지 사례다. 읽기만 하고 느낀 점이나 깨달은 점을 다시 정리해 놓지 않으면, 늘 다른 사람의 사유에 종속되어 살아가는 나약한 독자가 될 수 있다.

나는 다양한 책들을 읽고 독서노트를 정리했다. 자기계발, 경제경영, 철학, 심리, 소설, 수필, 자서전 등등. 누가 시켜서 읽고 쓰는 게 아니라 내가 좋아서 했기 때문에 나는 지치지 않고 계속할 수 있었다. 그리고 독서노트를 정리하는 행위는 나에게 일종의 놀이가 되어갔다. 그렇게 독서노트를 꾸준히 쓰다 보니 드디어 이것을 활용할 때가 왔다. 나는 아내와 결혼을 결심하고 '프로포즈를 어떻게 해야 할까? 색다른 프로포즈가 없을까?'를 한참 고민하고 있었다. 그러다 문득 기발한 아이디어가 떠올랐다. 그동안 썼던 독서노트가 생각났다. "사람은 그가 읽은 책이다"라는 말이 있다. 독서노트는 이 말을 가장 잘 표현하는 증거였다. 내가 살아온 30대의 삶이 고스란히 담긴 독서노트야말로 나를 가장 잘 보여줄 수 있는 강력한 무기라고 생각했다. 거기에 한 가지 더 추가로 생각한 것은 아내 아버님께서도 독서를 좋아하신다는 사실을 염두에 둔 것이었다.

나는 독서노트를 통해 아직 한 번도 뵌 적 없는 아버님께도 나를 보여드릴 전략이었다. 이 전략은 계획대로 성공적이었다. 아내는 글을 읽으면서 내가 어떤 책을 읽고, 어떤 생각을 하면서 살았는지 전보다 깊이 알게 됐다고 말했다. 그리고 적어놓은 글처럼 살아가는 내 모습에서 나에 대한 신뢰감이 높아졌다고 했다. 나중에 아내에게 들은 이야기지만 장인어른께서도 글을 읽어보시고 "이만하면 됐다"라고 말씀하시고 마음으로 허락하셨다고 했다. 게다가 독서노트 프로포즈는 결혼하고도 두고두고 회자 될 때가 많았다. 내 지인들이나 아내 지인들에게 이 이야기를 하면 신기해하며 어떻게 그런 생각을 했냐고 나에게 묻곤 했다. 내가 지금 다시 생각해봐도 참 괜찮은 아이디어였던 것 같다. 요즘은 남과 달라야만 주목받을 수 있는 세상이다. 남과 다른 색다름, 즉 나다움을 요구받는 세상이다. 나에게 책을 읽고, 독서노트를 정리하는 과정은 나를 찾고 나다움을 만들어가는 과정이다. 나다움을 찾고 싶은 이들에게 독서노트를 쓸 것을 추천해본다.

아파본 청춘이 아픈 청춘의 아픔을 이해할 수 있다

독서노트 내용을 쓰기 위해 써놓았던 독서노트를 훑어보다가 김난도 교수가 쓴 《아프니까 청춘이다》[18]를 읽고 독서노트를 썼던 내용을 읽어 봤다.

내 나이 35세. 20대를 거쳐 나도 이제 30대 중반에 접어들었다. 돌이켜 생각해보면 책 제목처럼 내 청춘도 그야말로 아픔 그 자체였다. 다단계를 했다가 실패하고 영업의 길을 걸으며 숱한 어려움 속에 시련과 좌절도 맛봤고, 폐결핵이 심하게 걸려 병원에 한동안 입원까지도 했었다. 하지만 나는 나의 삶을 포기할 수 없었기에 결코 희망만큼은 놓지 않았던 것 같다. 그리고 지금은 그 희망의 씨앗이 싹을 틔웠고 이제 그 싹이 조금씩 조금씩 자라는 중이다. 그리고 언젠간 크게 자라서 꽃도 피우고 열매도 맺을 거라 나는 믿는다.

저자가 전하는 메시지가 많았지만 나는 오늘 한 가지를 깊이 공감하

---

18 《아프니까 청춘이다》, 쌤앤파커스, 김난도(2010).

는 중이다. 그 한 가지는 하루 1시간, 1년간 하고 싶은 일에 시간 투자를 하는 것이다. 올해 나는 책 읽기에, 좀 더 구체적으로 말하자면 글 읽기에 하루 1시간 이상 1년을 투자하는 중이다. 그래서 벌써 책도 70여 권 읽고 독서노트를 정리했고, 매일 신문 두 개, 경제 주간지도 주에 두 개 이상 읽어왔다. 그로 인해 내가 얻은 가장 큰 것이 무엇이냐고 묻는다면, 그건 바로 삶에 대한 자신감이고 성공에 대한 확신이다. 이렇게 꾸준히 하다 보면, 아니 조금 더 열심히 하다 보면 나는 분명 발전할 것이고 반드시 성공해 있을 것이다. 책을 읽으면서 지난 청춘을 회상해보는 계기가 되었고 세상 후배들에게 이 말은 꼭 전해주고 싶다.

'어떤 시련이 와도 희망만은 절대 놓지 말라'고.

이 글을 다시 읽으니 글을 쓸 때의 느낌이 떠올랐다. 글 쓴 날짜를 보니 딱 10년 전이었다. 세월의 빠름이 새삼 느껴졌다. 10년 전 책을 읽고 기록해놨던 메시지가 시간을 초월해서 지금도 여전히 내 마음을 울린다. 기록해두지 않았다면 기억 저편 어딘가에 묻어두고 그냥 한번 이 책을 읽어봤다고 말할 뻔했다. 읽고 느낀 점을 기록해두길 참으로 잘했다는 생각이 든다.

'아프니까 청춘이다'라는 말을 새삼 다시 곱씹어봤다. '청춘(靑春)'은 '만물이 푸른 봄철'이라는 뜻으로, 인생에서 가장 아름다운 젊은 시절에 비유된다. 그런데 왜 아프니까 청춘일까? 왜 청춘은 아파야 하는 걸까? 청춘을 생각하니 가장 먼저 나의 20대가 떠올랐다. 나에게 20대는 사회생활을 시작하는 단계이자, 인생에서 홀로서기를 시작하는 단계였다. 부모님의 도움으로 살아온 인생에서 이제는 홀로 삶을 개척해가야 하는 나이였다. 당연히 처음 해보는 일이 많았고, 해야 할 일도 많았다. 그 과정에서 낯선 두려움과도 마주쳐야 했고, 낯선 인간관계에도 적응해야 했다. 서툴렀고, 실수와 실패의 연속이었다. 잘 해보려는 마음에 의욕이 앞서다가 건강을 잃기도 했다. 20대는 또한 도전이었고, 성장이었다. 육체적 성장이야 이미 멈췄겠지만, 정신적 성장이 깊어지는 시기였다. 원하는 삶을 성취하기 위한 도전과 열정이 있었고, 넘어지지 않으려고 애를 썼다. 그러나 넘어짐은 계속됐고, 넘어지면 다시 일어나서 걸었다. 마치 아기가 걷다 넘어지기를 수없이 반복하지만 걸음을 멈추지 않는 이유와 같았다. 바로 성장하기 위해서였다. 성장하기 위해 아픔은 필연적이었다. 아프지 않기 위해 아파야 했던 시기였다.

그렇다면 인간의 청춘만 아플까? 다른 동물들도 인간의 청춘과 같은 시기가 있을 텐데, 과연 동물들의 청춘은 어떨지 궁금했다. 문득 동물의 왕국에서 사자 한 마리가 죽어가던 장면이 떠올랐다. 다른 사자무리 영역에서 호기롭게 들소 사냥을 하다가 사자무리에게 죽임을 당하는 청년 사자의 모습이었다. 동물의 왕이라 불리는 사자에게도 청춘은 아픔이었다. 요즘 삶이 힘들고 고민이 많다 보니 이 나라를 헬조선이라 말하는 청년들의 이야기가 종종 들려온다. 셀트리온의 서정진 회장은 청년들에게 흙수저 타령 좀 그만하라고 당부한다. 나는 20대였던 나에게, 그리고 지금의 청춘들에게 이 말을 전해주고 싶다. '자신이 겪는 아픔보다 자신의 능력은 더 크다'고. 하지만 능력은 저절로 생기지 않는다. 자신의 능력을 능가하는 시련과 역경을 경험하며 아픈 시절을 견뎌낸 사람에게 주는 선물이 바로 지금 내가 보유하고 있는 능력이고 가능성이다. 능력이 생겨야 이전과 다른 한계에 도전할 수 있는 가능성의 문이 열린다. 능력은 한계를 능가하기 위한 가능성을 품고 있음과 동시에 색다른 가능성으로 향하는 문을 열어주기도 한다. 그런 의미에서 대한민국이 청춘들에게 더 희망적인 나라가 되길 소망한다. 실패해도 다시 도전할 수 있어서 마음껏 능력을 키울 수 있는 나라가 되길 기원한다.

일기 쓰기
– 일기는 나만의 역사책이다

　나는 인생을 살면서 일기를 종종 쓰곤 했다. 특히 삶이 힘들고 지칠 때는 더 열심히 썼던 것 같다. 몇 년 전부터는 일기 쓰기를 독서와 함께 아예 내 삶에 일부로 넣어버렸다. 그렇게 4년째 나는 가능한 한 매일 일기를 쓰고 있다. 어떤 해는 거의 하루도 빠짐없이 일기를 썼다. 일기 주제는 참으로 다양하다. 한마디로, 내가 쓰고 싶은 모든 것을 쓴다. 언제부턴가 일기를 쓸 때 제목을 적었다. 어떤 날은 처음부터 제목을 달고 일기를 쓰기도 하고, 또 어떤 날은 일기를 쓰고 나서 제목을 적기도 했다. 이렇게 하면 나중에 찾아 읽기도 편하고 혹시 책을 쓰게 되면 도움이 될 것 같아서였다. 그리고 이렇게 진짜 책을 쓸 일이 생겨 써놓았던 일기장을 훑어보았다. '일기장'이란 제목으로 쓴 일기가 눈에 띄었다.

- 일기장 -

2019년 2월 17일 일요일

일기를 쓰려고 잠시 생각하고 있는데 그동안 써 놓은 일기장 두께에 나도 모르게 나 자신이 대견스러워진다. 시간이 가고 나이도 먹어가는데 내가 과거에 무엇을 했고, 무슨 생각을 하며 살았는지 이 일기장은 알고 있다. 왜 나는 그렇게 힘들고 마음이 괴로울 때 일기를 다시 쓰기 시작해서 지금껏 쓰고 있는 걸까? 생각해보면 일기 쓰기는 자신과의 대화이기 때문인 것 같다. 하루 동안 힘들었던 일, 기분 좋았던 일, 뭔가 큰 깨달음이나 느낌을 받았던 일, 그리고 미래에 하고 싶고, 되고 싶고, 갖고 싶은 것들을 일기장에 적어나간다. 책을 읽을 때 느끼는 '뇌 샤워' 같은 느낌이 일기 쓰기에서도 느껴진다. 일기 쓰기는 훗날 내가 성공해서 사람들에게 꼭 추천해주고 싶은 항목 중 하나다. "책을 읽어라, 책을 많이 읽어라"라고 하는 책이나 사람들은 많지만, 일기 쓰기를 추천하는 책은 생각보다 많이 못 본 것 같다.

어쩌면 일기 쓰기는 영적인 행위일 수도 있겠다는 생각이 든다. 모든 것을 내려놓고 세상에 혼자 있는 것 같은 이 시간, 근심도 걱정도 다 내려놓고 오로지 글쓰기에만 집중한다. 행복한 시간이고 또한 감사한 시간이다. 훗날 시간이 지나서 내가 지금보다 더 여유 있고, 성공해 있을 때 이 일기장을 다시 꺼내서 보면 어떤 느낌이 들까? 이 시기를 잘 버텨준 나 자신에게 미소지으며 스스로 칭찬하고 있을 듯싶다. 언젠가 책을 쓰겠다고 마음먹은 내가 처음 쓴 책이 어쩌면 이 일기장일 수도 있겠다. 왜냐하면, 일기는 나만의 역사책이기 때문이다. 나는 매일 매일 나만의 역사를 쓰고 있는 나를 사랑한다. 그리고 많은 사람을 사랑하며 살 것이다. 죽을 때까지.

글을 읽으면서 이 글을 쓸 때 상황이 떠올랐다. '무슨 주제로 일기를 쓸까?' 고민하다가 일기장을 바라보며 문득 떠오른 생각을 글로 적기 시작했던 장면이었다. 이처럼 일기는 나만의 추억을 간직하고 있는 세상 하나밖에 없는 추억 창고다. 또한, 일기는 나를 중심으로 써진 나만의 역사책이다.

책 읽기가 힘든 시절 내가 살아가는 데 힘을 주는 보양식 같다면, 일기 쓰기는 힘든 마음을 어루만져주는 안마의자 같은 느낌이다. 그리고 일기 쓰기는 나에게 최고의 힐링이었다. 누구에게 말 못 할 고민도, 답답한 마음도 일기장에는 다 말할 수 있었다. 나는 평소 힘든 것을 누군가에게 말하기보다 혼자 삭히는 편이었다. 한번은 고등학교 때 친한 친구가 성인이 되어서 이렇게 물은 적이 있다. "나는 너에게 온갖 힘든 것을 털어놓는데 너는 왜 힘든 것을 나에게 말 안 하냐?"라고. 나는 힘듦을 굳이 친구에게 시시콜콜 말하고 싶지 않았다. 말한다고 해서 겪고 있는 문제가 해결될 리 없다는 판단에서였다. 나는 혼자 생각하는 게 편했다. 그리고 웬

만한 건 혼자 이겨낼 수 있었다. 훗날 컬러상담 교육을 받으며 나는 그 이유를 알게 되었다. 컬러로 봤을 때 나는 그런 성향을 지닌 사람이었다. 나에게 일기 쓰기는 딱 맞는 힐링 수단이었다. 그렇게 1,000일 넘게 일기를 꾸준히 쓰다 보니 이제는 완전히 습관이 되어버렸다.

자신에게 힐링이 되는 방법을 찾는 것은 삶에서 아주 중요하다. 우리는 누구나 힘들 수 있고 때로는 자존감이 무너져 내리는 고통을 겪을 때도 있다. 삶에서 어디로 가야 할지, 무엇을 해야 할지 모를 때도 나는 일기장에 대고 스스로 질문하곤 했다. '내가 어디로 가야 할까? 어디로 가는 것이 좋을까? 하늘이시여 내가 있어야 할 곳, 쓰임 받을 곳으로 보내주소서!' 이렇게 적다 보면 왠지 모르게 마음이 편해지면서 어느 순간 방향이 잡혀갔다. 일기 쓰기는 그렇게 나에게 힘이 되어주었다. 그러면서 스스로 생긴 변화가 있다면, 웬만한 일에는 별로 스트레스를 받지 않게 되었다는 것이다. 강원국 작가는 《나는 말하듯이 쓴다》[19]라는 책에서 "감정 쓰기가 뇌의 넓두리에 공감해주기 때문에 치유 효과가 있다"라고 말한다. 마음이 힘들고 답답할 때 일기를 한번 써보자. 쓰기 시작하면 복잡한 생각도 단순하게 정리되고, 실타래처럼 엉켜 있던 고민과 걱정거리도 실마리가 잡히면서 방향을 잡게 된다. 써봐야 내 생각이 얼마나 복잡했는지 알 수 있고, 쓰는 동안 마음이 점점 편안해지는 것을 느낄 수 있다.

---

19 《나는 말하듯이 쓴다》, 위즈덤하우스, 강원국(2020).

걱정만 하지 말고 일단 쓰기 시작해보자. 마음이 편해지면 새로운 일도 큰 걱정 없이 시작할 수 있다.

일기는 최고의 글쓰기 놀이터다

아이들은 그림 그리기를 좋아한다. 아이들에게 그림 그리기는 일종의 놀이이기 때문이다. 자신이 그리고 싶은 것을 마음껏 상상해서 그리고, 너무 잘 그리려고 애쓰지 않는다. 그냥 그 자체에 몰입해서 즐거움을 느낀다. 나에게 일기는 아이들의 그림 그리기와 같다. 누군가에게 보여주려고 하면 잘 써야 한다는 부담이 생기지만, 놀이라 생각하면 그냥 즐기면 된다. 쓰는 사람이 즐거우면 그걸로 족하다. 일기는 나에게 최고의 글쓰기 놀이터다. 이 놀이터 안에서는 내 모든 것이 자유롭고 뭐든지 할 수 있다. 과거로 가볼 수도 있고, 미래 어느 시점에 내 모습을 상상할 수도 있다. 지역도 상관없다. 한국에서 미국, 유럽으로 갈 수도 있고, 지구 밖 어느 행성에 가볼 수도 있다. 가끔은 영화나 드라마를 보고 난 후 생각과 느낌을 적기도 한다.

– 영화 〈말모이〉를 보고 나서 –
2019년 1월 12일 토요일

오랜만에 혼자 영화를 보고 왔다. 제목은 〈말모이〉였고, 일제 강점기 우리말을 지키기 위해 일제의 눈을 피해 사전을 제작하는 것을 주제로 한 영화였다. 드라마 〈뿌리 깊은 나무〉에서 세종이 몰래 한글을 창제하는 내용을 그린 것과 유사했다. 나는 〈뿌리 깊은 나무〉를 정말 재미있게 봤기 때문에 이 영화를 보지 않았나 싶다. 일본은 우리의 정신까지도 지배하기 위해 말과 글을 없애려 했다. 하지만 선조들은 이에 굴하지 않고 꿋꿋이 싸워 결국 독립의 기쁨을 맞이하며 우리말 큰 사전을 편찬해내고야 만다.

이 영화에서 주는 이미지는 민들레였고, 한 문장의 강력한 메시지는 "한 사람의 열 걸음보다 열 사람의 한 걸음이 더 큰 걸음이다"라는 말이었다. 영화를 보면서 이 말이 계속 생각났고, 그 의미가 가슴속에 깊이 다가왔다. 그러고 보면 대한민국이 지금까지 이룬 모든 것들은 한 사람의 열 걸음에서 이뤄진 게 아니라 열 사람이 함께 한 걸음씩 나아갔기에 가능했다. 그렇게 해서 독립을 이루고, 경제 발전을 이루고 또 민주화를 이뤄냈다. 이제 우리는 또 한 걸음을 함께 걸어야 한다. 바로 통일이다.

나라와 민족을 위해 용기 내어 함께 큰 걸음을 걸었던 선조들께 이 영화를 보고 나서 진심으로 감사와 존경을 표한다. 감사합니다. 그리고 당신들이 자랑스럽습니다.

일기는 나에게 글쓰기 훈련장이기도 하다. 훈련장소는 대부분 집 책상이고, 훈련은 아주 간단하다. 준비물은 노트와 볼펜, 그리고 가끔 사용되는 수정테이프만 있으면 된다. 쓰는 시간은 주로 밤 11시에서 11시 30분 사이고, 소요시간은 보통 주제를 생각하는 시간을 포함해 20분 정도다. 잠자기 전에 하루를 차분히 정리하는 느낌이 들어 편안한 마음이 든다. 주제는 생각나는 모든 것이고, 일기를 쓰는 이유는 나에게 힐링이고, 역사이고, 자신과 대화하기 위해서다. 방해요소는 특별히 없고, 쓰는 것이 힘들기보다는 삶에 힘이 된다. 나는 과거에도 일기를 꾸준히 써봤던 경험이 있고, 혼자 의지로 무언가를 한다는 느낌이 들어 좋다. 유영만 교수는 "글은 감정으로 쓰고 머리로 고치는 것이다"라고 말한다. 내 경험에 비춰봤을 때 일기 쓰기는 그 어떤 글쓰기보다 감정으로 먼저 쓴다. 누군가에게 보여주려고 쓰는 게 아니라서 너무 잘 쓰려고 애쓰지 않는다. 그냥 생각나는 대로 막 쓴다. 그래서 글을 다 쓰기 전에 다시 돌아가서 읽지 않는다. 글을 잘 쓰려고 하면 자꾸 써놓은 글을 돌아가서 읽기 때문에 쓰기의 흐름이 끊기곤 한다. 하지만 일기 쓰기는 일단 끝까지 쓴다.

나는 일기를 노트에 쓰기 때문에 쓴 글을 고치기도 힘들다. 그래서 일기 쓰기는 나에게 가장 본능적인 글쓰기고, 가장 나다운 글쓰기다. 만약 써 놓은 글을 어딘가에 활용하려고 한다면 그때 가서 목적에 맞게 머리로 고쳐 쓰면 된다. 그때 좀 더 잘 쓰고 싶다면 써놓은 재료가 있으니 여러모로 시간을 단축할 수 있고, 글의 내용을 더 개선할 수도 있다. 마치 음식 재료를 미리 준비해놓으면 요리하기 편하고 요리 시간도 단축되는 것과 같은 효과다. 글은 자꾸 써야 글쓰기 근육이 단련된다고 한다. 글을 쓰기 어려운 이유는 많이 안 써봐서다. 오른손잡이가 왼손으로 젓가락질을 하는 데 처음부터 잘할 수는 없다. 글쓰기도 마찬가지다. 나는 일기가 아주 좋은 글쓰기 훈련장이라고 생각한다. 혼자 묵묵히, 편하고 즐겁게 글을 쓸 수 있는 글쓰기 훈련장을 이용해보자.

강의 듣기
– 강의는 강물이다

《김미경의 아트 스피치》[20]의 저자 김미경 원장은 강의는 자신에게 생명이라고 말한다. 독서와 함께 나를 성장시킨 가장 큰 원동력은 바로 이러한 강사의 강의를 듣는 것이었다. 나는 20대부터 지금까지 다양한 강의를 들으며 조금씩 나를 변화시켜왔다. 내가 멘토라고 말하는 분들 외에도 지금껏 나를 성장시킨 스승들은 수없이 많다. 그들은 나의 목마름을 적셔주었고, 소진되어가던 나의 에너지를 강의로 채워주었다. 그래서 나는 강의를 강물에 비유한다. 인류 문명은 강을 중심으로 발전했다. 강을 중심으로 사람들이 모여 살게 되었고, 그로 인해 문명이 탄생했다. 인류는 또한 강의를 통해 발전했다. 종교가 그렇고 많은 문화가 그렇다. 세

---

20 《김미경의 아트 스피치》, 21세기북스, 김미경(2014).

상에는 누구나 다 알 만큼 큰 강도 있고, 어느 지역을 대표하는 정도의 강도 있다. 반면 동네나 산골짜기를 흐르는 아주 작은 개울도 존재한다.

강사도 이와 비슷하다. 세계적으로 유명한 강사도 있고, 한 지역에서 이름난 강사도 있다. 한편 거의 알려지지 않은 강사도 많다. 하지만 어떤 강사든지 누군가에게는 이로움을 준다. 요즘 유튜브를 보면 핀셋 강사들이 많다. 아주 작은 틈새 분야를 파고들어 구독자들의 가려움을 긁어주는 유튜버들이다. 나는 그들도 강사라 생각한다. 꼭 대중 앞에 서서 강의를 하는 사람만이 강사가 아닌 시대가 되었다. 그동안 강의를 전달할 수 있는 매체가 발전해서 받게 된 일종의 선물이다. 책과 함께 강의는 인류가 만든 최고의 선물이다. 특히 요즘은 다양한 강의와 강연을 꼭 현장이 아니더라도 다양한 매체를 통해서 들을 수 있다. 저렴한 비용이나 무료로 국내뿐만 아니라 세계적으로 유명한 강사의 강의도 들을 수 있게 됐다. 한마디로, 다양한 공부를 마음껏 할 수 있는 세상이 된 것이다.

나는 요즘 하루 보통 세 개 정도의 강의(강연 포함)를 들으며 살고 있다. 시간이 많아서 세 개씩 듣는 것이 아니라 주로 이동하는 차 안이나 산책을 하면서 유튜브를 통해 듣는다. 유튜브 안에는 아주 유명한 강사부터 새내기 강사까지 다양하게 존재한다. 그에 따라 강의 분야도 참으로 다양하다. 강의 하나가 보통 15분 정도고, 길어야 1시간을 대체로 넘지 않는다. 과거에는 직접 현장에서 강의를 듣거나 녹음테이프를 이용해서 다양한 강의를 들으며 꿈도 키우고, 공부도 했다. 강의를 듣는 것은 독서만큼이나 내 성장에 도움이 되는 수단이었다. 그러기 때문에 나는 가능한 매일 강의를 듣는다. 나는 특히 '세바시(세상을 바꾸는 시간 15분)' 강연을 듣는 것을 좋아한다. 보통 강의를 들을 때는 소리만 들을 때가 많다. 하지만 세바시는 가능한 한 화면을 같이 보면서 듣는다. 세바시에는 다양한 사람들이 다양한 주제로 강연을 해서 다양한 사람을 만나는 것 같은 느낌을 받기 때문이다. 내가 전혀 모르는 분야의 전문가들이 나와서 자신의 지식이나 경험을 이야기하며 사람들에게 깊은 메시지와 감동을 준다.

세바시는 강연자가 15분 정도로 내용을 집약해서 말한다. 그래서 강연을 들으면 마치 책 한 권을 읽은 것 같은 느낌을 받을 때가 많다. 게다가 책과 다르게 강연자의 목소리가 담긴 말과 손짓, 그리고 표정까지 볼 수 있어서 강연자의 느낌을 그대로 전달받을 수 있어서 좋다. 강연자가 울먹이는 장면에서는 나에게도 슬픔이 느껴지고, 강연자가 유머스러운 표정으로 웃으며 말할 때는 나도 모르게 같이 웃게 된다. 이것이 세바시 강연이 주는 매력이다. 독서와 마찬가지로 강의를 듣는 것도 궁극적으로 다른 사람을 가슴으로 공감하기 위해서다. 그리고 좁은 생각의 폭을 넓히기 위해서다. 생각이 낡아빠지는 과정은 자신도 모르게 무의식적으로 이루어진다. 생각은 자극을 받지 않으면 옛날 생각을 유지하려는 성향을 지닌다. 생각하게 만드는 방법은 생각에 낯선 자극을 부단히 주는 방법이다. 책을 읽고, 일기를 쓰는 방법도 생각을 자극하는 효과적인 방법이다. 그리고 낯선 생각과 마주치게 하는 또 다른 효과적인 방법이 있다. 나와 다른 세계에서 다른 삶을 사는 사람이 몸으로 겪은 체험적 깨달음을 전해주는 강연이야말로 낯선 생각과 마주치게 만드는 가장 강력한 방법이 될 수 있다.

지금, 이 순간에도 세상에는 많은 강물이 흐르고, 많은 강의가 이어지고 있다. 끊임없이 흐르는 강물이 이 땅에 생물을 살아가게 하듯, 끊임없이 이어지는 강의가 인류 행복에 도움이 되었으면 한다.

강의는 소망과 만나게 해주는 오작교다

노사연의 <만남>이라는 노래 첫 소절에 "우리 만남은 우연히 아니야 그것은 우리의 바램이었어"라는 가사가 나온다. 나는 강의를 듣는 것도 우연한 만남이 아니라 그것이 나의 바람이었다고 생각한다. 그리고 그 만남은 내 관심사와 강의의 주파수가 맞을 때 이루어진다. 이는 주파수를 맞춰 듣고 싶은 라디오 방송을 듣는 것과 비슷하다. 나는 요즘 철학자 최진석 교수의 '새말 새 몸짓' 강의에 주파수가 맞춰졌다. 철학적 사고의 중요성에 관한 강의다. 최진석 교수는 교수직을 내려놓고 그가 하고 싶은 일을 하기 위해 고향으로 내려갔다. 사람들은 그에게 그 좋은 교수직을 왜 그만뒀냐고 묻지만, 그에게 교수라는 직함보다 중요한 것은 자신이 원하는 삶이었다. 원하는 삶을 생각할 때 교수직은 그저 별것 아니었기 때문에 쉽게 내려놓을 수 있었다고 그는 말한다. 평범한 소시민들은 그 말을 쉽게 이해하지 못했다.

그가 하고 싶은 일은 대한민국을 지식 수입국이 아니라 지식 생산국으로 만드는 일이다. 그의 말에 따르면, "대한민국은 그동안 선진국들의 지식을 수입해 선진국을 따라 함으로써 사상 유례없는 속도로 중진국 최고 위치에 진입했다. 하지만 딱 여기까지다. 여기서부터 더 나아가려면 지식을 생산할 수 있어야 한다. 우리가 흔히 선진국이라 말하는 미국, 영국, 프랑스 등은 지식 생산국이다. 이 나라들은 보이지 않는 것을 다룰 줄 아는 능력이 있다. 대표적인 것이 과학이다. 과학은 단지 기술이 아니라 보이지 않는 원리를 이해하고 다루는 학문이다. 보이지 않는 것을 다룰 줄 아는 것은 다룰 줄 모르는 것보다 힘이 세다. 그것은 나라도, 개인도 마찬가지다. 철학은 과학보다 더 고차원적으로 보이지 않는 것을 다룬다. 이것이 우리가 철학적 사고를 해야 하는 이유다."

그는 철학자로서 대한민국이 선진국을 넘어 선도국이 되길 희망한다. 그런 그의 이야기가 내 가슴에 깊이 파고들었다. 아마 나도 대한민국이 그리되길 바라는 마음과 함께 지식을 생산하는 사람이 되고 싶은 바람에서인 것 같다. 경제적 선진국이라고 자동으로 철학적 선도국이 되지 못한다. 철학적 선도국은 사고방식의 혁명을 주도하는 독창적인 사유체계를 구축하는 능력을 보유한 나라다. 지속 가능한 경제 대국이 되기 위해서는 경제 흐름을 뒤흔드는 인문학적 사유체계가 깊고 넓게 뿌리내려야 한다. 단순히 기존 사유체계와 다르게 생각하는 능력보다 완전히 다른 것을 생각하는 능력을 갖춰야 선도국으로 세계 경제를 이끌 수 있다고 생각한다.

"다룰 줄 아는 것은 다룰 줄 모르는 것보다 힘이 세다." 최진석 교수가 말한 다룰 줄 안다는 의미가 뭘까? 예를 들어, 소리를 잘 다룰 줄 알면 가수가 될 수 있고, 소리로 사람들의 마음을 움직일 수 있다. 소리로 사람의 마음을 움직인다는 것은 큰 능력이다. 또 정보를 잘 다루는 사람은 빅데이터 전문가가 될 수 있고, 색을 잘 다루는 사람은 화가가 될 수 있다. 나무를 잘 다루면 훌륭한 목공이나 건축가가 될 수 있고, 몸을 잘 다루면 운동선수나 춤꾼이 될 수 있다. 심지어는 사람을 잘 다루는 사람도 있다. 반면, 사람 중에는 누군가에게 다뤄지는 게 편한 사람들도 있다. 그것은 다뤄지는 것에 너무 익숙해져버린 결과다.

최진석 교수는 대한민국 교육은 질문이 아니라 철저히 대답 잘하는 사람을 길러내는 교육이라고 말한다. 대답은 다뤄짐을 의미한다. 현대 경영학의 아버지 피터 드러커는 오래전부터 "과거의 리더는 말하는 리더였지만 미래의 리더는 질문하는 리더가 될 것이다"라고 강조했다. 이 시대 지식인들은 하나 같이 빠르게 변화하는 시대에는 질문이 중요하다고 강조한다. 질문하는 사람이 대답하는 사람을 이끌기 때문이다.

나는 무엇을 잘 다룰 줄 아는가? 나는 무엇을 잘 다루고 싶은가? 이런 것을 질문하는 힘은 바로 철학적 사고에서 나온다. 철학의 시작이 바로 질문이기 때문이다. 자신에게 질문하는 사람은 자신을 다뤄가는 사람이다. 내가 원하는 삶을 향해 나를 이끌고 가는 사람이다. 질문은 사람을 생각하게 만들고 생각할 때, 비로소 지식이 생산된다. 지식 생산국을 꿈꾸는 최진석 교수가 왜 그토록 철학적 사고의 중요성을 강조하는지 조금은 알 것 같다. '나는 질문하는 사람인가? 대답하는 사람인가?', '나는 어떤 사람이 되고 싶은가?' 자신에게 질문을 던져보자. 어제와 다른 질문을 던지는 사람만이 어제와 다른 해답을 찾아내는 관문으로 들어갈 수 있다. 인간은 질문하고 기계는 대답하기 위해서 존재한다고 한다. 정답을 찾아내는 능력은 인공지능이 인간을 앞서기 시작했다. 정답을 찾는 교육 패러다임에서 벗어나지 못하면 인간이 만든 인공지능만도 못한 인간으로 전락할 위험이 도사리고 있다. 인공지능이 쩔쩔매는 질문을 던지는 능력이야말로 인간의 고유한 특성을 더욱 부각시키는 가장 효과적인 생존전략일 수 있다.

김미경 원장은 대한민국의 큰 강물 같은 강사 중 한 명이다. 그녀는 요즘 미래 준비가 한창이다. 그러다 보니 내 주파수 또한 그녀 강의에 맞춰졌다. 요즘 내 관심사 중 하나가 미래 세상이기 때문이다. 그녀는 사람들에게 다가올 미래를 준비하라고 진심 어린 마음으로 외치고 또 외친다. 세상은 빠르게 변화하고 있고, 이 사실을 모르는 사람은 없다. 하지만 변화를 준비하지 않는 사람이 너무나 많은 것 같다. 무엇을 해야 할지 몰라서, 두려워서 또는 귀찮아서 등의 이유로 지금의 삶에서 변화를 실천하지 못하고 있다. 그런 이들을 위해 그녀는 몸소 같이 행동하고 있다. 변화하는 미래 세상에 관련된 책을 읽고 사람들에게 도움이 될 만한 내용을 정리해서 강의도 하고, 각 분야 전문가들을 그녀 방송에 초청해서 사람들이 미래 세상을 이해하도록 돕고 있다. 거기서 끝이 아니다. 그녀는 직접 미래 기술들을 공부하며 생활에 접목할 준비를 한다. 그 대표적인 것이 바로 제2의 인터넷이라 불리는 블록체인, 가상 현실의 세계 메타버스(Metaverse), 그리고 디지털 증명서라 불리는 NFT(non-fungible token) 등이다. 우리는 인터넷 세상을 맞이하며 이메일을 쓰고 검색을 하며 살아왔다. 또 전자상거래와 SNS를 통해 다양한 소비와 소통 활동도 했다. 스마트폰의 등장은 우리가 동영상을 찍고 마음껏 공유할 수 있는 세상을 선물했다.

이제 제2의 인터넷 세상, 블록체인 세상이 열리고 있다. 그 안에서 우리는 어떤 삶을 살게 될지 사실 아직 잘 모른다. 중요한 것은 개발자들은 이미 그런 세상을 만들어가고 있다는 사실이다. 개발자들의 세상이 끝나면 대중이 소비하는 시대는 반드시 올 것이다. 그것을 거부한다는 것은 지금 인터넷 뱅킹을 거부하며 살겠다는 것과 같다. 지금 우리가 인터넷 뱅킹을 당연하게 사용하듯, 언젠가는 블록체인 세상도 당연하게 여기며 살게 될 것이다. 우리는 지금보다 편리하고, 효율적이며 생각지도 못한 다양한 활동을 하며 살고 있을 것이다.

세상은 아는 만큼 보이고, 아는 만큼 받아들일 수 있다. 책과 함께 강의는 세상 보는 시선을 넓혀준다. 강의는 또한 소망을 만나게 해주는 다리 역할을 한다. 견우와 직녀가 칠월칠석에 만나기 위해서는 수많은 까마귀와 까치가 만든 오작교가 필요하다. 나에게 강의는 내 소망과 만나게 해주는 오작교다. 자신을 소망과 이어주는 오작교가 무엇인지 생각해보자. 없다면 독서와 함께 매일 강의 듣기를 추천한다.

두려움 너머 설렘의 꽃이 피다

운동
– 내 인생 최고의 행복을 안겨준 이어달리기

새해가 시작되면 우리가 빠짐없이 세우는 계획 중 하나가 바로 운동이다. 하지만 그 결심도 채 한 달을 넘지 못할 때가 많다. 운동의 중요성을 모르지는 않지만, 평생 운동을 지속하며 산다는 것은 쉽지 않다.

나의 어린 시절은 삶이 곧 운동이었다. 강원도 원주에서 친구들과 여름에는 냇가에서 수영도 하고, 물고기를 잡았다. 겨울에는 구릉지에서 비료 포대를 깔고 눈썰매를 타고, 얼어붙은 논에서는 썰매를 탔다. 봄에는 산과 들을 누비며 봄꽃을 따고, 나물도 캤다. 가을에는 산에 알밤을 주우러 다니면서 몸을 연신 움직였다. 나는 특히 달리기를 좋아했고, 달리기는 내가 가장 잘하는 특기였다. 친구들과 심심하면 달리기 시합을 했고, 달리면서 하는 다방구, 숨바꼭질, 진도리 같은 놀이에서 내 활약은 타의 추종을 부러워했다. 그만큼 나는 달리는 게 좋았고 잘 달렸다. 그러다 보니 자연스레 초등학교 때 육상부에 들어가서 단거리 달리기와 멀리뛰기, 높이뛰기 선수로도 활약했다. 4학년 때 다른 학교로 전학하면서 육상은 그만뒀지만, 나는 여전히 달리는 게 좋았다. 운동회를 하면 거의 달리기에서는 전 종목 1등을 빼놓지 않았다. 그 덕에 운동회가 끝나고 집에 돌아올 때는 선물로 받은 공책과 학용품을 수북이 안고 왔다.

운동회는 나에게 설렘이었고 기쁨의 시간이었다. 나에게 달린다는 것은 살아 있음을 의미했다. 소심했던 내 성격도 달릴 때만큼은 적극적으로 변했다. "건강한 신체에 건강한 정신이 깃든다"라는 말에 대입해보자면, 적어도 그때 내 신체와 정신은 아주 건강했다. 요즘 아이들은 돈을 주고 운동을 하는 것이 당연한 시대가 되었다. 그마저도 밤늦게까지 학원에 다니느라 운동량은 턱없이 부족하다. 부모들은 아이들의 건강이 중요하다는 걸 알면서도 남들 다 하니까 학원을 끊을 수 없다는 말로 변명하기 일쑤다. 운동뿐만 아니라 하고 싶은 놀이 한번 마음 편히 할 수 없는 게 요즘 아이들의 현실이다. 매일 학원을 뺑뺑이 돌며 공부하는 기계로 키워지는 아이들에게 행복은 먼 나라 이야기처럼 들린다. 이런 현실을 두고 중앙대학교 독문과 김누리 교수는 대한민국 교육에 대해 강도 높게 비판한다. 아이들의 행복지수가 전 세계 꼴찌고, 공부 스트레스로 아동우울증을 겪는 나라는 대한민국밖에 없다고 개탄한다. 건강한 몸은 공부를 비롯해 장기적으로 뭔가를 추진하고 성취하는 근본적인 출발이다. 몸을 소중하게 생각하지 않으면, 그 어떤 공부도 행복한 삶으로 연결되지 못한다. 건강한 신체에 건강한 정신이 깃든다는 말을 깊이 되새겨봐야 할 때인 것 같다.

초등학교 6학년 때 운동회는 내게 좀 특별했다. 그때 나는 6학년 마지막 반이라 이어달리기 마지막 주자를 맡게 되었다. 이어달리기는 연습 때부터 치열했고, 청군과 백군이 번갈아가며 승리했기 때문에 아무도 운동회 날 어느 쪽이 승리할지 모르는 상황이었다. 기다리던 운동회가 시작되고 맑은 가을 하늘 아래 초등학교 운동장에는 힘찬 함성이 울려 퍼졌다. "청군 이겨라! 백군 이겨라!" 운동회는 온 동네 축제였고, 아이들에게는 기쁨의 시간이었다. 개인 달리기, 줄다리기 등의 일정이 끝나고 이제 운동회의 대망을 장식할 이어달리기만 남아 있었다. 모두가 긴장되는 순간이었고, 출발 신호와 함께 1학년들이 힘차게 달리기 시작했다. "청군 이겨라! 백군 이겨라!" 힘찬 응원 소리가 하늘로 퍼졌고 모두가 달리는 선수들을 주시했다. 2학년이 지나고, 3학년이 지나가면서 이제 점점 내 순서가 다가오고 있었다. 심장이 주체할 수 없을 정도로 콩닥콩닥 뛰기 시작했다. 4학년을 지나 5학년까지 끝나면서 6학년 여학생들이 달리기 시작했다. 이제 곧 내가 바통을 받을 차례였다.

그때 청군과 백군의 거리 차이는 채 세 걸음도 나지 않았다. 내가 안쪽에서 바통을 받고 달림과 거의 동시에 다른 편 친구도 바깥쪽에서 바통을 받고 달리기 시작했다. 우리 둘의 레이스에 운동장의 모든 시선이 뜨

겁게 쏠렸다. 나는 곡선주로 안쪽을 지키며 먼저 직선주로에 들어섰고, 이제 젖먹던 힘까지 짜내야 했다. 조금이라도 내가 앞서고 있는데 여기서 역전된다면, 그야말로 나는 역적이 되는 상황이었다. 나는 거친 숨을 몰아쉬며 정말 한 발, 한 발 온 힘을 다해 뛰었고 간발의 차이로 다행히 먼저 결승선을 통과했다. 그 순간 내게 세상 모를 짜릿함이 느껴졌다. 말로 표현 못 할 행복감이었다. 그렇게 초등학교 6학년 운동회는 내 인생에 최고로 행복한 순간을 안겨주었다.

인생에서 기억에 남을 만한 행복한 순간이 많은 사람은 행복한 사람이다. 그리고 그 행복한 느낌은 머리가 아니라 체험에서 온다. 가능한 한 몸을 많이 움직여 다양한 체험을 해보자. 평생 기억에 남을 만한 행복감이 언제 어디서 나에게 다가올지 모른다.

운동은 삶을 유지하는 원동력이자 세상을 변화시키는 추진력이다

스티브 잡스(Steve Jobs)가 이런 말을 했다. "여러분의 차를 운전해줄 사람을 고용하고, 돈을 벌어줄 사람을 고용할 수는 있지만, 여러분 대신 아파줄 사람을 구할 수는 없습니다." 돈이면 뭐든 다 된다고 생각하는 사람도 공감할 수밖에 없는 말이다. 아무리 돈이 많고, 성공한 사람일지라도 누가 나 대신 아파줄 수는 없다. 1이라는 숫자 뒤에 0이 아무리 많아도 1이 없으면 모든 게 의미 없다. '1'은 바로 건강이다. 그리고 '0'은 재산, 인맥, 명예, 인기, 권력 등 내가 가진 모든 것들이다. 30대 초반 폐결핵으로 병원에 입원했을 때, 나는 건강의 소중함을 뼈저리게 느꼈다. 몸이 무너지니 아무것도 할 수 없었다. 그 이후 나는 건강관리에 늘 신경을 쓰며 산다. 나만의 운동 습관을 만들어보려고 이런저런 운동 방법을 시도했다. 한때는 새벽에 달리기도 했고, 한동안 헬스장에 다니기도 했다. 하지만 지방 출장을 많이 다니다 보니 리듬이 끊길 때가 많았다. 그래서 지금은 비가 오나 눈이 오나 혼자서 할 수 있는 운동 습관을 만들었다. 우선 나는 아침에 일어나면 양치질을 먼저하고 미지근한 물을 한 컵 마신다. 그리고 밤새 굳었던 몸을 5분 정도 스트레칭으로 풀어준다. 그 후 복근 운동 100개를 하고 이어서 팔굽혀펴기 20개를 한다. 마지막으로 스쿼트 40개를 하고 나서 아침을 챙겨 먹는다.

저녁에 집에 돌아와서는 가능한 한 산책을 한다. 특별한 일이 없으면 보통 30분 이상 걷는데 산책하는 시간은 나에게 운동하는 시간이자 생각하는 시간이다. 걷다 보면 이런저런 생각이 떠오르기도 하고 또 복잡했던 생각들이 정리되기도 한다. 그리고 틈틈이 플랭크를 하고, 스텝퍼를 밟아준다. 주말이 되면 가끔 산에 올라 땀을 흘리며 기분 전환을 한다. 스티브 잡스의 말처럼 건강은 자신이 지켜야지, 누가 대신 지켜줄 수 없다. 벤자민 프랭클린(Benjamin Franklin)은 "건강을 유지하는 것은 자신에 대한 의무이며, 또한 사회에 대한 의무이다"라고 건강의 중요성을 강조한다. 건강하지 않으면 주변에 본의 아니게 피해를 준다. 우리는 코로나19로 인해 이 말을 피부로 느낄 수 있었다. 내가 건강해야 이웃도 건강할 수 있으니 의무가 맞는 것 같다. 의무는 지키는 것이고, 권리는 누리는 것이다. 권리를 누리기 위해서라도 먼저 의무인 자신의 건강을 지켜야 한다. 우리가 운동해야 하는 이유는 내 몸의 건강함을 지키기 위해서다. 그리고 내가 만나는 사람들과 건강한 관계를 유지하기 위해서다. 내 몸이 아프면 나만 아픈 게 아니라 내가 만나는 사람의 마음도 아프다. 가까운 친척과 친구뿐만 아니라 나와 사회적 관계를 맺고 있는 모든 사람이 아프다. 그래서 내 몸은 나의 몸을 넘어서 우리의 몸이다.

살아 있는 생명체는 모두 운동을 한다. 그런 의미에서 지구는 살아 있는 생명체임이 틀림없다. 화산 활동, 지진 활동이라고 표현하는 것도 살아있기 때문이다. 우리가 살면서 운동이라고 표현하는 것들이 생각보다 많다. 과거 독립운동, 새마을운동, 민주화운동, 금모으기운동부터 현재 쓰레기 줄이기운동, 헌혈운동, 독서운동 등 어떤 단어에 운동을 붙이면 그것은 움직임이 되고, 움직인다는 것은 살아 있음을 의미한다. 사람이 건강해지기 위해 운동이 필요하듯, 지금 대한민국도 건강해지기 위해 운동이 필요한 것 같다. 내가 생각하는 대한민국이 필요로 하는 운동은 크게 세 가지다.

첫째, 독서운동이 필요하다. 독서는 생각하는 힘을 길러준다. 생각하는 힘은 창조하는 힘으로 이어지고, 창조는 문화가 되고, 문화는 곧 국력이 된다. 100년 전, 백범 김구 선생은 문화의 힘을 강조했다. 문화는 우리의 얼이자 정신이다. 일본은 그런 우리의 얼을 뿌리까지 뽑으려 했다. 지금 대한민국 성인 중 1년에 책을 한 권도 읽지 않는 사람이 1/3이나 된다. 이들의 공통점은 매번 책 읽을 시간이 없다고 말한다. 너무 정신없이 살면 진짜 정신이 없어진다. 독서는 정신없는 삶에 정신을 차리게 해준다. 책에 담긴 다양한 생각의 씨앗을 만나야 새로운 생각이 싹틀 수 있다. 독서는 사고혁명을 일으키는 근본적인 정신운동이다. 독서운동을 통해 대한민국이 문화 강국이 되는 것을 함께 꿈꿔보자.

둘째, 글쓰기운동이 필요하다. 유시민 작가의 말처럼 자기 생각을 글로 적어보지 않으면, 그것이 내 생각인지 남의 생각인지 잘 모른다. 잘 모르는 사람은 잘 아는 사람에게 이끌린다. 그것은 나라도 마찬가지다. 대한민국은 일제 강점기 일본에 이끌려 살았고, 해방 이후 미국에 이끌려 살아왔다. 이제 대한민국도 주체적 행동이 필요한 시기를 맞이했다. 그러려면 국민 개개인이 더 주체적으로 변해야 한다. 글쓰기는 개인의 주체성을 키워준다. 읽기만 하고 쓰지 않으면 주체적인 사고혁명으로 이어지지 않는다. 남의 책을 읽고 내 생각으로 정리하는 쓰기로 이어져야 비로소 내 생각으로 정리될 수 있다. 글쓰기운동을 통해 자신의 주체성을 찾고 대한민국을 지금보다 주체적인 나라로 함께 만들어보자.

셋째, 탄소배출 줄이기운동이 필요하다. 지구는 지금 몸살을 앓고 있다. 인간이 만드는 각종 쓰레기 때문이다. 공장에서 쉼 없이 뿜어져 나오는 이산화탄소는 대기를 오염시키고, 바다에 버려진 플라스틱 쓰레기는 고래와 거북이 뱃속에서도 가득 발견된다. 지구상 동식물 중 쓰레기를 배출하는 생명체는 인간이 유일하다. 대한민국에서 나오는 쓰레기도 만만치 않다. 하지만 이제 세계는 탄소배출을 줄이기로 약속했다. 탄소배출이 많은 기업과 국가는 힘들어질 것을 예고한다. 더 근본적인 문제는 탄소배출을 줄이지 않으면 올라가는 지구 온도로 인해 인류 생존이 불가할 수 있다는 사실이다. '나 하나쯤이야' 하는 생각에서 벗어나 '나부터 먼저'라는 생각으로 쓰레기를 줄여보자. 대한민국을 깨끗이 만들고, 지구 환경에 도움이 되도록 함께 노력해보자.

건강하기 위한 방법으로 운동만큼 좋은 것이 없다. 하지만 운동은 생각이 아니고 행동이다. 운동은 또한 다짐이 아니라 실천이다. 실천하지 않는 다짐은 백날 해도 소용없다. 문학가 마크 트웨인(Mark Twain)이 남긴 촌철살인의 명언을 기억해두자. "시작하는 비결은 시작하는 것이다." 운동을 시작하지 못하는 이유는 여러 가지 이유가 있겠지만, 무조건 시작하지 않기 때문이다. 시작하는 방법과 기술은 따로 필요 없다. 그냥 시작하면 시작할 수 있다. 다양한 운동이 우리의 신체를 건강하게 하듯, 다양한 문화운동을 만들고 실천해서 대한민국이 지금보다 행복한 나라가 되도록 함께 만들어보자.

학창시절, 공부에 대한 기억을 떠올리면 별로 설렜던 기억이 없다. 그것은 좋아서 하는 공부가 아니고 시험을 보기 위한 공부였기 때문이다. 그다지 호기심도 생기지 않았고, 오히려 공부로 인해 스트레스를 받기 일쑤였다. 하지만 사회생활을 하면서 내가 하고 싶어서 하는 공부는 달랐다. 책을 읽으면서, 강의를 들으면서, 다양한 경험을 하면서 배움의 즐거움, 몰입의 즐거움, 성장의 즐거움이 느껴졌다. 특히 우연한 계기로 만난 색다른 공부는 나에게 전혀 다른 세상을 보여줬다. 그러면서 '아, 이런 세상도 있었구나!' 하는 감탄이 절로 나왔다. 신기하고 매력 있는 색다른 공부는 내 삶에 설렘을 선물해주었다.

5

나를 설레게 하는 색다른 공부,
내가 젊게 사는 비결이 되다

컬러 공부
– 컬러는 에너지다

우리는 일상에서 수많은 컬러와 마주치며 산다. 예를 들어, 아침에 출근할 때 '무슨 옷을 입을까? 무슨 넥타이를 맬까? 무슨 신발을 신을까?'라고 생각하며 자신도 모르게 컬러를 선택한다. 컬러는 자신의 심리를 드러내거나 부족한 에너지를 채워준다. 그래서 우리는 그날그날 기분이나 심리 상태에 따라 눈에 띄는 컬러가 있다. 컬러는 제품을 살 때도 아주 중요한 선택요소가 되었다. 소비자들은 같은 제품이라도 원하는 컬러가 없으면 선택하지 않는 경우가 있고, 컬러에 따라 제품 판매량도 차이가 난다. 우리는 컬러를 선택할 뿐만 아니라 컬러의 지시를 받기도 한다. 그 대표적인 것이 신호등이다. 운전자는 빨강, 파랑, 노랑 신호에 맞춰 차를 움직여야 하고, 보행자는 빨강, 파랑 신호에 맞춰 몸을 움직여야 한다. 우리가 가슴이 답답할 때 하늘을 보거나 바다를 찾는 이유도 컬러와 상관

3부 · 모든 삶은 두려움과 설렘의 이중주다

있다. 그것은 하늘과 바다가 주는 푸른색의 시원함이 우리 마음을 시원하게 해주기 때문이다. 우리가 숲이나 산을 찾는 이유도 이와 비슷하다. 녹색이 주는 안정감이 복잡했던 생각 정리에 도움을 주기 때문이다. 나는 컬러가 사람에게 영향을 미친다는 것을 대충 알고는 있었다. 하지만 40대 초반 '마음안힐링상담센터'에서 '오라소마' 컬러상담(컬러 바틀을 이용한 상담 프로그램) 공부를 하며 우리 삶에 컬러가 생각보다 많은 영향을 미친다는 것을 알게 되었다.

2006년 EBS에서 '색채 심리 실험 빨간 방과 파란 방'이란 주제로 간단한 실험을 했다. 컬러가 사람 심리에 어떤 영향을 주는지에 대한 실험이었다. 실험 진행은 두 개의 방에 열 명의 학생들을 번갈아 들여보냈다. 그리고 20분이 지났다고 생각하면 그냥 나오라고 했다. 그냥 느낌으로 20분을 맞추는 실험이었다. 먼저 빨간 방에 들어간 학생들은 20분보다 더 빨리 평균 16분에 방을 나왔다. 방을 나온 학생들에게 어땠냐고 인터뷰하니 "방에 있으니 마음이 불안하다, 긴장된다, 정신없다, 답답하다, 어지럽다"라고 소감을 이야기했다. 하지만 파란 방에서는 반대의 상황이 벌어졌다. 학생들이 20분이 지나도 나오지 않았다. 방을 나온 평균시간이 24분이었다. 파란 방에 대해서는 "부드럽다, 차분하다, 느긋하다, 편안하다, 졸린다"라고 말했다. 이번에는 서로 바꿔 방을 들어갔다. 그렇게 네 차례 진행했지만, 결과는 비슷했다. 사람이 컬러에 영향을 받는다는 것이 실험으로 증명된 것이다. 컬러는 동양과 서양, 남성과 여성, 그리고 어른과 아이를 막론하고 거의 비슷한 느낌을 받는다. 과거나 현재도 마찬가지고 미래에도 그럴 것이다. 컬러는 우리가 주변에서 흔히 접하며 살기 때문에 이해하고 받아들이기가 쉽다. 그것이 바로 컬러가 주는 장점이다. 지금 주변에 눈에 띄는 컬러를 하나 골라 편안한 마음으로 1분만 주시해 보자. 분명 어떤 느낌을 받게 될 것이다. 그 느낌이 바로 그 컬러가 주는 에너지다.

컬러는 자신을 이해하는 도구다

컬러는 또한 자신을 이해하는 도구다. EBS에서 실험했던 빨간색과 파란색을 사람의 성향으로 보면 어떤 특징이 있을까? 우선 빨간색은 뜨거운 에너지가 있어 힘을 상징하고 대표적인 것이 불이다. 이런 색의 성향을 지닌 사람들을 우리는 흔히 불같은 성격이라 말한다. 추진력이 있고 의리가 있지만, 남 이야기를 잘 안 듣고 성격이 급하다. 파란색은 시원한 에너지가 있어 신뢰를 상징하고 대표적인 것이 하늘과 바다다. 이런 성향을 지닌 사람은 대체로 성격이 차분하다. 사람들에게 신뢰감을 주고 평화를 좋아하지만, 냉정하고 행동이 느리다. 이 밖에도 다양한 컬러가 있고 컬러마다 가지고 있는 특징은 모두 다르다. 자기만의 '색'을 찾으면 '깔'이 돋보이는 이유다. 사람은 저마다 색깔을 지니고 있다. 특정 색깔이 유독 그 사람의 정체성이나 스타일에 어울리는 이유다. 색깔은 옳고 그른 문제가 아니라 나에게 잘 어울리는지, 그렇지 않은지 선호도의 문제다.

물론 모든 컬러가 가지는 공통점도 있다. 컬러 안에는 모두 빛과 그림자가 존재한다. 컬러마다 빛과 그림자가 존재한다는 것은 밝은 면과 어두운 면을 동시에 지니고 있음을 의미한다. 우리 삶은 빛에 가까울수록 밝고 희망적이고, 그림자에 가까울수록 어둡고 절망적이다. 인간은 밝음 속에서 생활하는 동물이다. 반대로 어두우면 잠을 잔다. 컬러 측면에서 봤을 때, 빛의 측면에 있는 사람은 활동적이고 의욕이 넘친다. 또 긍정적이고, 생기가 있다. 하지만 그림자 측면에 있는 사람은 뭔가 무겁고 어둡다. 또 부정적이고, 위축되어 있다. 빛은 한 사람의 적극적인 활동성을 의미하지만, 그림자는 그런 활동성을 배경에서 조용히 뒷받침해주는 잘 드러나지 않는 또 다른 에너지다. 한 사람의 진면목은 빛에도 드러나지만, 그림자에서도 무시할 수 없는 아우라가 존재하는 법이다. 그래서 컬러를 알면 자신을 이해하는 데 상당히 도움이 된다. 그것이 컬러를 배우는 가장 큰 목적 중 하나다.

내 성향의 컬러는 골드고, 상징하는 것은 금(Gold)이다. 그리고 특징 단어는 가치, 지혜, 겸손, 깊은 기쁨이다. 이것은 빛의 측면이고, 반대로 그림자 측면에는 무가치, 고집, 자만, 두려움이 있다. 금은 누구나 좋아하고 가치가 있다. 이런 성향을 지닌 사람은 자신이 가치 있는 사람이 되고 싶어 한다. 배우는 것을 좋아하고, 지혜가 있고, 철학적이며 어렸을 때 애늙은이 소리를 종종 듣는다. 또 겸손하고, 마음속 깊은 곳에서 왠지 모를 깊은 기쁨을 자주 느낀다. 일종의 깨달음 같은 거다. 반대로, 그림자 측면에 들어가면 자신을 무가치하게 느끼고, 고집이 세지고, 자만하고, 깊은 두려움에 빠진다. 컬러로 내 성향을 알게 됐을 때 나는 그동안 삶을 뒤돌아봤다. 나는 딱 골드 컬러였다. 나는 평소 배우는 걸 좋아하고, 다른 사람에게 가치 있는 사람이 되고 싶어 했다. 그리고 내게 어떤 일이 발생하면, '이게 지금 나에게 어떤 의미일까? 나에게 무엇을 깨달으라고 하는 걸까?'라는 질문을 자주 던졌다. 반면 고집이 있고, 때론 자만했고, 자신을 무가치하게 느꼈다. 특히 두려움은 내가 그림자 측면에 있을 때 가장 많이 느끼는 감정이었다. 내가 왜 그토록 두려움이 많았는지 컬러가 말해주었다. 컬러로 나를 알 수 있다니, 컬러는 알면 알수록 참으로 신기했다. 복조리를 팔 때 내게 겸손을 기억하라고 말씀하셨던 그분은 혹시 알고 계셨을까? 내가 골드 컬러라는 것을.

청춘들이여, 빛으로 깨어나라!

오라소마 컬러상담 프로그램을 레벨3까지 교육을 마치고 센터장님 권유로 의무 소방원을 대상으로 강의를 나간 적이 있다. 의무 소방원에 대한 지식이 없어 찾아보니 의무 소방원은 20대 초반으로 소방 관련 업무를 보는 일종의 군인이었다. 그들은 춘천에서 2박 3일 동안 힐링을 위한 여러 교육을 받는데 마지막 날 아침 시간에 교육이 잡혀 있었다. 이들의 관심사가 무엇일까를 생각해보니 아무래도 진로에 대한 고민일 것 같았다. 강의 당일 아침 기분 좋게 눈이 떠졌다. 게다가 법륜 스님이 꿈에 나온 걸 보니 왠지 기분이 좋았다. 강의장에 도착하니 교육담당자가 나를 맞이하며 어젯밤 대원들이 상급자에게 혼나서 분위기가 처져 있다고 살짝 귀띔해주었다. 그러면서 강의 때 대원들 반응이 시큰둥할까 봐 나를 걱정해주었다. 하지만 어쩌겠는가! 나는 마음을 비우고 강의를 시작했다. 먼저 대원들 30여 명 모두에게 자신을 닮은 컬러 바틀을 직접 손으로 뽑게 했다. 대원들이 바틀을 뽑으면 나는 바로 바틀 이름을 불러주며 기억하게 했다. 대원들은 향수병처럼 생긴 컬러 바틀을 뽑으며 호기심을 갖는 듯 보였다. 빨간색과 파란색 특징을 설명한 후 노란색을 설명할 때쯤 다행히 대원들 분위기가 한층 밝아짐을 느낄 수 있었다. 덕분에 나도 기분이 좋아졌다.

기본 컬러 10여 개를 설명하고 쉬는 시간이었다. 한 대원이 내게 다가오더니 자신은 딱 코랄 컬러 성격이라 말하며, 자기가 어떤 직업을 가지면 좋겠냐고 물었다. 나는 딱히 어떤 직업이라고 말할 수 없었다. 그것은 당연했다. 컬러 하나 뽑아놓고 그의 인생을 어떤 직업으로 규정지어줄 수 없었다. 코랄의 핵심 단어는 '우리는 하나'다. 누군가와 연결되어 있을 때 편안함을 느끼고 '우리, 함께'라는 단어를 좋아한다. 그래서 나는 "이런 컬러는 혼자보다는 누구랑 같이하는 것을 좋아해요. 그러니 일을 할 때 혼자보다는 팀으로 할 수 있는 일을 한번 고려해보세요"라고 조언해주었다. 또 한 명이 찾아왔다. 이 대원도 자신은 터콰이즈 컬러라 말하며 어떤 직업을 가지면 좋겠냐고 물었다. 역시 예상대로 20대 초반 남자들은 진로에 대한 고민이 많아 보였다. 터콰이즈의 핵심 단어는 '재미'다. 터콰이즈는 대체로 창의적이고, 자유분방하다. 어떤 것에 자주 싫증을 느끼고, 재미가 없어지면 자꾸 다른 것을 찾는다. 그래서 이런 성향을 지닌 사람은 어렸을 때 부모로부터 "넌 왜 이렇게 끈기가 없냐!"라는 소리를 자주 듣는다. 하지만 터콰이즈는 바로 그런 성향을 지닌 사람이다. 예전에는 학교에서, 사회에서 터콰이즈는 엉뚱한 아이, 산만한 아이로 취급받았다. 하지만 지금은 터콰이즈의 시대다. 터콰이즈가 가진 장점이 바로 요즘 세상이 필요로 하는 독특함과 기발함이기 때문이다. 나는 이 강의 경험을 통해 많은 청춘이 자신을 좀 더 이해하게 되길 바랐다. 그리고 마음속으로 청춘들에게 이렇게 외쳤다.

'청춘들이여, 빛으로 깨어나라!'

미술 공부
– 기분 좋음이 최고의 힐링이다

어느 날 아내로부터 마음안힐링상담센터에서 미술 힐링 강의가 시작
된다는 이야기를 들었다. 같이 미술 강의를 들어보자는 권유였다. 나는
가끔 그림 전시회를 가는 수준으로 잠시 그림을 즐길 뿐, 그림에 대해서
는 크게 아는 바가 없었다. 반면 아내는 그림에 관심이 많았기에 나도 함
께 듣기로 했다. 강사 오정엽 선생은 화가, 미술 컬렉터, 아트 딜러, 아트
디렉터, 미술사가로서 38년 동안 활동을 해오고 계셨다. 당시 선생은 몽
우 조셉킴 화백과 성하림 화백 그림을 설명하고, 그림으로 사람들에게
힐링과 행복을 전하고 있었다. 미술사가 오정엽 선생을 처음 만나는 날
이었다. 선생은 첫날부터 엄청난 에너지를 뿜어내기 시작했다.

"물질은 에너지고 또 파동이다. 그림도 에너지고 또한 파동이다. 우리

가 그림을 볼 때 '아, 이 그림 좋다'라고 말하는 것은 그림과 내가 주파수가 맞기 때문이다. 그냥 봤을 때 기분이 좋아지는 그림이 내게 좋은 그림이다. 우리는 사실 사랑덩어리다. 하지만 우리는 두려움의 허상 속에 사로잡힐 때가 많다.

두려움은 부정의 모든 것을 끌어들인다. 두려움의 재료는 불안, 걱정, 초조, 억압, 조급함, 분주함, 산만함, 시끄러움 등이다. 두려움을 이겨내는 방법은 기분이 좋아지는 것이다. 창조는 기분이 좋고, 두려움이 없는 상태를 만든다. 그림 속에는 창조에너지가 있고 자신에게 맞는 그림을 걸어두면 기분이 좋아진다. 작가가 행복해야 그림에서도 행복에너지가 나온다. 기분이 좋아지면 모든 일이 잘 풀린다. 아침에 눈을 뜰 때부터 기분 좋은 일을 찾고, 날마다 기분 좋은 일을 찾아라."

미술 강의라 들었는데 참으로 신선했다. 나는 특히 두려움과 기분 좋음을 이야기하는 부분이 흥미로웠다. '두려움의 재료가 이렇게나 많았구나! 기분을 좋게 하는 것이 아주 중요하구나!' 하는 생각과 함께 선생이 쓴 《오정엽의 미술이야기》[21] 책도 바로 구매했다. 그러면서 미술 강의에 대한 기대감이 점점 커져갔고, 색다른 설렘이 시작되었다.

우리는 몰랐던 사실을 깨닫는 순간, 또 다른 앎의 지평이 열리고 인식의 깊이도 깊어진다. 앎을 통해 이론적 교양을 쌓는 공부도 좋지만, 이전

---

21 《오정엽의 미술이야기》, 위몽(爲夢), 오정엽(2018).

과 다르게 색다른 생각을 품게 하는 공부는 삶을 설레게 한다. 젊게 사는 비결 중에 가장 좋은 방법은 재미있고 설레는 공부를 끊임없이 하며 사는 것이다.

미술 전공자가 아니라면 그림을 보며 깊이 이해할 수 있는 사람이 얼마나 될까? 나는 도슨트에게 그림 설명을 들어도 별로 느껴지지 않을 때가 많았다. 그런데 오정엽 선생의 말은 참으로 명료했다. 에너지 관점에서 내가 보고 좋은 그림이 내게 좋은 그림이라고 했다. 나는 그 말에 고개가 끄덕여졌다. 선생이 가져온 그림 중에 보면서 나도 모르게 기분 좋아지는 그림이 있었기 때문이었다. 이는 마치 좋은 친구를 만나면 그냥 기분이 좋아지는 느낌과 비슷했다. 만나기만 해도 힘이 되는 친구가 있는 것처럼, 그림에서도 그런 느낌을 받았다. 그림을 연구하고, 분석하고, 해석하기보다 그냥 보고 좋으면 된다는 듯 말씀하시는 게 좋았다. 생각해보니 노래를 들을 때도 이와 비슷했다. 무슨 뜻인지 잘 모르는 팝송도 들으면 기분 좋아지는 노래가 있고, 어깨가 저절로 들썩여지며 흥이 나는 노래도 있었다. 또 들으면 가슴이 먹먹해지면서 눈물이 나는 노래도 있고, 위로와 힘이 되는 노래도 있었다. 선생은 그림을 색채로 된 녹음기에 비유하면서 아무리 좋은 노래도 24시간 틀어놓으면 사람이 힘들어지기 마련인데, 그림은 아무런 침해가 없다고 했다.

선생의 말을 더 확장해보니 그림도, 음악도, 책도 나를 기분 좋게 하는 것이 나에게 좋은 거였다. 기분 좋음이 곧 힐링이고 행복이었다. 운동, 산책, 음악 감상, 그림 그리기, 독서, 일기 쓰기, 여행, 명상 등 자기 자신을 기분 좋게 하는 것을 자주 하면 좋다는 이야기였다. 물론 거기에는 사람을 만나는 것도 포함되었다. 지금까지 살아오면서 나는 어떤 사람을 만나면 기분이 좋아지고, 또 어떤 사람은 만나기 전부터 기분이 좋지 않은 경험을 많이 했다. 그리고 지금은 가능한 한 만나면 기분이 좋아지고, 서로에게 힘이 되어주는 사람을 만나는 데 역점을 둔다. 내가 기분 좋으면 주변을 기분 좋게 바꿀 수도 있다. 그것이 우리가 기분 좋은 사람을 만나고 싶은 이유이기도 하다. 나는 미술 강의를 들으면서 만나면 기분 좋은 사람이 되고 싶어졌다.

행복한 화가가 행복한 그림을 그린다

오정엽 선생은 몽우 조셉킴과 성하림 화백을 참으로 좋아하고 아끼는 듯 보였다. 그들의 그림도 그림이지만 인성에 대한 칭찬을 많이 했다. 알고 보니 그것은 아주 중요했다. 화가가 어떤 에너지로 그림을 그리느냐 하는 것이 그림에도 묻어난다는 이야기였다.

"예를 들어, 에너지 관점에서 피카소는 행복한 에너지가 많았던 반면 고흐는 늘 어둡고 우울했다. 그래서 살아생전 고흐 그림은 인기가 없었다. 그가 죽고 시간이 흐른 뒤에야 그런 어두운 에너지가 사라지면서 그의 그림이 사랑받기 시작했다. 그림이 사랑을 받는다는 것은 컬렉터들에게 중요하다. 그 안에서 행복에너지가 나오기 때문이다. 모나리자 그림을 예로 들면 전 세계 많은 사람이 그 그림을 보러 프랑스까지 가서 관심에너지, 사랑에너지를 그림에 자꾸 덧칠한다. 에너지를 더하고 또 더하다 보니 보이지는 않지만 분명 그 안에는 행복에너지가 가득하다. 그래서 그림은 더욱 사랑을 받는다. 화가는 자신이 행복해야 행복한 그림을 그릴 수 있다. 그리고 그림은 사랑을 받을수록 행복에너지가 더욱 축적된다."

많이 사랑받는 그림일수록 그림에서 좋은 에너지가 나온다는 말을 들으니 '사람도 사랑을 많이 받을수록 행복하겠구나!' 하는 생각이 들었다.

몽우 조셉킴은 '바보 화가'라는 별명이 있다. 그는 자신의 책 《바보 화가 몽우 조셉킴 이야기》[22]에서 "나는 꿈꾸는 화가이고 싶다. 슬픔과 절망을 걷어 내고 행복과 희망을 색칠하는 꿈쟁이이고 싶다"라고 썼다. 몽우(夢友)라는 뜻도 '꿈 친구'를 의미했다. 그는 어린 시절부터 그림 그리기를 좋아했는데, 10대 초반 반갑지 않은 불청객이 그를 찾아왔다. 몸에 염증이 생기기 시작했고, 점점 심해져서 의사로부터 10대를 넘기기 힘들 거라는 이야기까지 들었다. 다행히 지금까지 살아 있지만, 그는 한때 그림을 그리다가 언제 죽을지 몰랐다. 그래서 그는 마지막 모습이라도 추

---

22 《바보 화가 - 몽우 조셉킴 이야기》, 동아일보사, 몽우 조셉킴 글, 그림, 전각(2011)

하게 보이고 싶지 않아 그림을 그릴 때 셔츠에 넥타이까지 매고 그림을 그렸다. 그는 형과 함께 유태인 스승에게 그림뿐 아니라 역사, 지리, 문화, 예술 등 폭넓은 지식을 사사받았다. 그는 백석 시인과 이중섭 화백을 좋아했는데 알고 보니 이중섭 화백이 백석 시인의 시를 읽고 영감을 받았다는 사실을 알게 되었다. 이중섭 화백뿐 아니라 박수근, 장욱진, 김환기 화백 또한 백석 시인의 시를 통해 영감을 받은 사람들이었다. 그리고 몽우 화백도 백석 시인의 영향을 받게 되었다.

한번은 몽우 화백을 후원하던 후원자가 아랍 두바이에서 큰 사업을 같이하실 분을 모시고 그를 찾아왔다. 아랍에서 오신 손님이 원하는 것은 원하는 대로 돈을 주겠으니 마음에 드는 작은 그림을 크게 똑같이 그려달라는 것이었다. 현금 500억 원이 준비되어 있다고 했다. 하지만 그는 예술가를 꿈꾸는 사람이기에 복사기가 될 수 없다며 거절했다. 그는 똑같은 그림을 크기만 다르게 그려서 돈을 벌고 싶지 않았다. 몽우 화백은 바로 그런 사람이었다. 행복을 꿈꾸는 바보 화가였다. 살면서 이런 제안을 받는다면, 거절할 수 있는 사람이 몇이나 될까? 요즘은 니체가 말한 "신은 죽었다"는 '신'의 자리에 '돈'이 들어앉아 있는 세상이다. 돈이 절대권력의 상징이 되어버린 세상이다. 돈 때문에 형제, 자매도 원수가 되고 심지어는 부모, 형제를 죽이는 사건들이 심심치 않게 발생하고 있다. 이런 세상에서 행복을 꿈꾸고, 행복한 그림을 그리는 몽우 화백이 나는 점점 더 좋아졌다. 그의 그림에서는 행복에너지가 느껴졌다. 그가 더욱 행복해졌으면 하는 바람과 함께 언젠가 그를 꼭 한번 보고 싶어졌다.

화가는 자기 삶으로 그림을 그리는 사람이고, 가수는 자기 삶으로 노래를 하는 사람이다. 작가는 자기 삶으로 글을 쓰는 사람이고, 강사는 자기 삶으로 강의를 하는 사람이다. 자기다운 삶이 있어야 자기다운 작품이 탄생되는 이유다. 나는 나다운 작품을 창조하는 여정을 즐기고 있는가를 묻고 싶다.

그림도 나를 행복하게 만들어주는 행복한 친구다

성하림 화백은 여성 화백으로 주로 꽃을 많이 그렸다. 오정엽 선생은 그녀의 그림에서 꽃은 봄의 기운이 담겨 있고, 희망과 행복에 대한 염원이 담겨 있다고 했다. 그래서일까. 그녀의 그림을 보면 뭔가 따뜻하고, 희망적이었다. 나는 특히 그녀가 무지개 컬러로 그린 '맨드라미' 그림을 좋아했는데 그 이유는 그 그림을 보고 있으면 밝고 희망찬 에너지가 내 온몸을 감싸는 것처럼 느껴졌기 때문이다. 나는 평소에도 무지개 그림이나 사진을 볼 때면 기분이 좋아졌고, 직접 무지개를 보는 날에는 기분 좋은 흥분을 감출 수 없었다. 또 그녀가 그린 '책가도'는 왠지 모를 편안함이 느껴졌는데, 알고 보니 지혜와 창조를 의미했다. 그러면서 선생은 전반적으로 그림 속에 숨은 의미를 하나씩 풀어주기 시작했다.

"맨드라미는 질병을 막아주고, 풍요와 사랑을 상징한다. 달항아리는 민족의 지혜를 의미하고, 닭은 벼슬, 생명의 소리를 깨움을 의미한다. 무지개는 희망이고, 부엉이는 복을 가지고 소리, 소문 없이 들어오는데 사랑에너지와 함께 온다. 산은 천하를 호령하는 기운이 있다. 독수리는 지혜롭고 강함을 상징하며 소심함을 채워준다."

이런 설명을 듣고 나서 그림을 보니 그림을 보는 다른 재미가 있었다. 선생은 그림에 들어 있는 컬러의 의미도 풀어주었는데, 나는 미술 강의를 들으면서 컬러상담 교육을 함께 받고 있었기에 컬러가 주는 의미를 알고 있었다. 그림도, 컬러상담도 컬러가 주는 의미는 비슷했다. 그림도 결국 컬러로 된 에너지였다.

어느 날, 오정엽 선생은 몽우 화백과 성하림 화백을 직접 센터로 초대했다. 알고 보니 그런 일은 거의 없는 일로, 정말 어렵게 두 분을 초대한 자리였다. 강의를 듣고 있던 우리는 마치 좋아하는 연예인이라도 본 듯 기뻐했다. 선생께 듣던 대로 두 분의 모습은 온화함 그 자체였다. 그날 이벤트는 몽우 화백이 우리 각자의 이름으로 그림을 그려주는 거였다. 몽우 화백은 한 명씩 이름으로 그림을 그리기 시작했고, 그의 손길은 거침이 없었다. 그에게서는 멋이 느껴졌고, 예술가의 모습 그 자체였다. 왜 오정엽 선생이 몽우 화백은 그림을 그릴 때 누구 앞에서도 두려움이 없는 사람이라고 말하는지 알 것 같았다. 바로 현장에서 벌어지는 멋진 그림 콘서트였다. 첫 번째 이름이 완성되고 그림 주인공은 몽우 화백과 그림을 들고 함께 사진을 찍었다. 그렇게 순서대로 한 명씩 그림이 완성되어 가고 있을 때, 한 분이 그림을 받고 눈물을 흘리기 시작했다. 몽우 화백이 그림을 그리고 난 후 그림에 '힐러'라고 적었는데, 그분은 힐러였기 때문이다. 그분은 놀랍게도 기(氣)치료를 하는 분이었다. 우리는 컬러상담 공부를 함께하던 사이라 그녀가 힐러인 것을 이미 알고 있었기에 신기함이 느껴졌다. 드디어 내 차례가 되었다. 몽우 화백은 내 이름 '김학수'로 그림을 그리고 나서 마지막에 '깊은 기쁨'이라고 적어주었다. 나는 순간 깜짝 놀랐다. 내 성향 골드 컬러의 특징 중 하나가 바로 '깊은 기쁨'이기 때문이었다.

행복한 친구와 함께 있으면 나도 같이 행복해진다. 그런 의미에서 좋아하는 사람의 그림이나 사진을 눈에 보이게 붙여놓는 것은 결코 헛된 일이 아니다. 그로 인해 기분이 좋아지면, 그것은 자신에게 행복이 되기 때문이다. 몽우 화백이 그려준 내 이름 그림은 늘 내 책상 앞에서 나에게 행복에너지를 뿜고 있다. 그리고 '깊은 기쁨'이라는 글자에서는 몽우 화백의 응원 목소리가 들리는 듯하다.

이름은 나에게 가장 오랜 친구다. 어쩌면 태어나서 죽을 때까지 나와 평생 함께하는 친구는 이름밖에 없을지도 모른다. 가족도 친구도 언젠가는 나와 이별하기 때문이다. 그래서 어른들은 나에게 가장 오랜 친구가 될 이름을 좋게 지어주려고 작명소까지 가는 수고를 마다하지 않으셨나 보다. 그래서일까? 나는 내 이름 그림이 아주 특별하게 느껴졌고, 그림에

'깊은 기쁨'이라는 글자를 줄여 '기픔이'라는 이름까지 지어주었다. 김춘수 시인의 시 '꽃'의 "내가 그의 이름을 불러주기 전에는 그는 다만 하나의 몸짓에 지나지 않았다. 내가 그의 이름을 불러주었을 때 그는 나에게로 와서 꽃이 되었다"라는 구절이 생각나서였다. 내 곁에서 평생 나와 함께할 행복한 그림 친구가 있어서 행복하고 감사하다.

기쁨과 즐거움을 주는 에너지는 사람뿐만 아니라 사물이나 대상에서도 얻을 수 있다. 나를 기쁘게 해주는 관계가 지속될수록 내 몸과 마음도 기쁨과 즐거움의 에너지로 충만하다. 반면 나를 슬프게 만드는 관계가 지속될수록 내 몸과 마음도 고통과 아픔의 부정적 에너지로 전염된다. 행복한 삶은 기쁨과 즐거움을 주는 관계를 지속할 때 누릴 수 있는 특권이다.

아봐타 프로그램
— 나는 내가 믿는 대로 내 경험을 창조한다

우리는 살면서 알게 모르게 많은 신념을 가지고 산다. 예를 들어, "세 살 버릇 여든까지 간다, 부자는 천국에 가기 힘들다, 착한 사람은 돈을 못 번다, 빚은 위험하다, 쉽게 들어온 돈은 쉽게 나간다"와 같은 보편적 신념부터 "나는 운이 좋은 사람이다, 나는 늘 되는 일이 없다, 나는 몸이 약하다, 나는 사랑하는 게 두렵다"와 같은 개인적 신념까지 가지고 산다. 신념은 어떠한 것에 대한 믿음이요, 그것도 굳게 믿는 마음이다. 그리고 신념은 삶에 큰 영향을 미친다. 자동차 왕이라 불리는 헨리 포드(Henry Ford)는 이런 말을 남겼다. "당신이 할 수 있다고 생각하든, 할 수 없다고 생각하든, 당신이 생각한 대로 된다." 이 말은 우리가 어떤 신념을 가지고 사느냐에 따라 삶이 달라질 수 있다는 이야기다. 하지만 많은 사람이 이런 사실은 모른 채 살아간다. 신념들이 무의식에 자리하고 있는 경우가 많기 때문이다.

신념은 내가 옳다고 믿는 가치관이 자신도 모르게 내면화되는 과정에서 생긴 산물이다. 확실한 신념이 생기면 세파에도 흔들리지 않고 뚜렷한 자기주관으로 가치판단과 올바른 의사결정을 할 수 있다. 하지만 내가 믿는 신념도 늘 옳지 않을 수 있다. 그렇기에 자기 신념의 타당성 여부를 열어놓고 부단히 비판적으로 검증해봐야 한다. 다르게 생각하면 신념은 나의 주관적 선호도로 무장된 일종의 편견일 수도 있음을 인정할 때 외골수에 빠지는 편협함에서 벗어날 수 있다.

신념이 무의식에 자리 잡고 내 생각과 행동을 움직인다는 사실을 깨달은 것은 자아발견 프로그램인 '아봐타 프로그램'에 참여하면서부터다. 40대 중반, 나는 새해를 맞이해서 그동안 열심히 살았지만 중간중간 뭔가 막힘이 있었기에 변화를 주고 싶었다. 내가 원하는 삶을 내 의도대로 살고 싶다는 생각이 강하게 들었다. 그때 생각난 것이 바로 아봐타 프로그램이었다. 컬러상담 교육을 받고 있을 때 사람들이 이 프로그램에 참여하고 놀라운 변화를 겪었다는 이야기를 많이 들었다. 나는 그 비밀이 궁금했다. 그렇게 내게 또 다른 설렘이 시작되었다.

아봐타 프로그램은 총 3부로 되어 있었다. 1부는 주로 이론이고, 2부와 3부는 신념의 힘을 느끼고, 그동안 내가 가졌던 부정적 신념들을 긍정적 신념으로 바꾸는 작업이었다.

센터가 서울숲 근처라 프로그램에 참여해 숲 근처에서 느끼기 작업을 하고 있을 때였다. 숲까지 가는 길에 하얗고 동그랗게 생긴 간판 하나가 눈에 띄었다. 나는 그 간판을 주시하며 '예쁘다, 밝다, 어둡다'라고 번갈아 가며 생각하기 시작했다. 신기하게도 내 생각에 따라 간판이 다르게 보인다는 것을 느낄 수 있었다. 그러다 나는 '살아 있다'는 생각으로 간판을 주시하기 시작했다. 간판에는 글자가 몇 개 적혀 있었는데, 그 순간 그 글자들이 살아서 마치 춤을 추듯 몸을 흔들고 있는 것처럼 느껴졌다. 내가 생각하는 대로 외부에 보이는 것들이 그렇게 반응한다는 사실을 깨닫는 순간이었다.

그 후 나는 센터에 돌아와서 내 생각이 내 몸에 작용하는 훈련을 시작했다. '나는 지금 기분이 좋다, 나는 지금 기분이 나쁘다, 나는 건강하다, 나는 아프다, 사랑한다, 짜증 난다'와 같은 생각을 하며 내 몸의 느낌을 살폈다. '나는 지금 기분이 좋다, 건강하다, 사랑한다'라고 생각할 때는 몸이 가볍고 상쾌해졌고, '나는 지금 기분이 나쁘다, 아프다, 짜증 난다'라고 생각할 때는 몸이 무겁고 위축되는 것을 느낄 수 있었다. 왜 우리가 좋은 생각을 해야 하는지 직접 몸으로 체험하는 순간이었다. 그러면서 수능시험 보기 전날 밀려왔던 불안감, 폐결핵으로 쓰러졌을 때, 일이 안 풀렸을 때, 나에게 뜻하지 않은 사고가 발생했을 때의 상황들이 머릿속을 스쳐 지나갔다. '아, 결국 그 모든 것들이 내 생각에서 비롯되었구나! 내 생각이 내 경험으로 창조되었구나!' 하는 생각에 깊은 한숨이 나왔다.

내가 믿으면 믿는 대로 생각하게 되고, 생각하는 대로 행동하게 된다. 생각하는 대로 행동하다 보면 거꾸로 생각했던 믿음이 다시 수정되어 보완되기도 하고, 이전과 다른 신념이 새롭게 형성되기도 한다. 어떤 두려운 상황에서 스스로 한계를 가두고 '나는 이런 일은 절대 못해'라고 생각하며 도전하지 않는 사람과 '그래, 한번 해보자'라고 생각하며 도전하는 사람은 시간이 흐르면서 그것이 다른 신념이 된다. 두려워서 못 한다고 한계를 가둔 사람은 나는 못 한다는 신념을 갖게 되고, 두렵지만 용기 내어 시도해본 사람은 한계를 넘어 다른 것도 할 수 있다는 새로운 신념을 갖게 된다. 신념을 믿고 생각하고 행동하면서 기존 신념은 더욱 굳건해지기도 하고, 현실적 벽에 부딪혀 새롭게 수정되기도 한다. 신념은 결국 무엇이 됐든 내가 그렇게 믿는 마음에서 비롯된다.

생각은 말과 행동의 씨앗이다

생각은 말의 씨앗이다. 생각이 긍정적인 사람은 주로 긍정적 언어를 사용하고, 생각이 부정적인 사람은 주로 부정적 언어를 사용하게 된다. 우리 속담에 "콩 심은 데 콩 나고, 팥 심은 데 팥 난다"라는 말이 있다. 결국은 심은 데로 거둔다는 의미다. 그러니 우리가 어떤 생각을 심느냐, 어떤 말을 하느냐는 인생에서 아주 중요하다. 나는 이것을 증명하는 실험을 본 적이 있다. <이영돈의 먹거리 X파일>에서 방영한 '기적의 밥'이라는 실험이었다. 이 실험은 말이 밥에 미치는 영향에 대한 실험이었다. 밥

실험은 이영권 PD가 직접 밥을 병에 담아 세 그룹으로 나눠 '사랑해', '무관심', '나쁜 놈'이라 적는다. 그 후 매일 병을 보며 '사랑해' 밥에는 "사랑한다, 예쁘다"라고 말하고, '무관심'은 그냥 둔다. 마지막으로 '나쁜 놈'에는 "재수 없다, 시꺼멓다"라고 말을 2주 동안 한다. 그 결과 '사랑해' 밥에서는 사람에게 이로운 누룩곰팡이(막걸리 만들 때 쓰임) 냄새가 났고, '무관심'은 약간의 악취, 그리고 '나쁜 놈' 밥에서는 악취가 났다. 참 신기한 실험이었기에 이를 더 확장해서 같은 방법으로 일반 회사원 열 명에게 '사랑해'와 '나쁜 놈' 밥을 병에 담아주고 같은 방법으로 4주간 실험을 진행한다. 그 결과, 모두에게서 같은 변화가 일어났다.

나는 그동안 살면서 긍정적인 말을 써야 한다고 많이 들어왔지만, 이 영상을 보면서 더욱 그렇게 해야겠다고 생각했다. 그리고 아바타 프로그램에 참여하면서부터는 내가 하는 말도 우리의 생각에서 나온다는 것을 깊이 인식하게 되었다. 말에는 그 사람의 생각이 고스란히 담긴다. 나아가 말에는 그 사람의 애정과 관심, 분노와 적개심, 기쁨이나 즐거움 또는 슬픔이나 고통과 같은 에너지가 담긴다. 그렇기 때문에 어떤 말을 주고받는지에 따라 그 말로 에너지를 받을 수도 있고 에너지를 빼앗길 수도 있다.

생각은 또한 행동의 씨앗이다. 우리가 어떤 행동을 하는 것은 우리의 생각에서 비롯된다. 예를 들어, 바쁘더라도 시간을 내서 책을 읽는 사람은 독서가 자신에게 도움이 된다는 믿음이 있다. 그것은 운동도 마찬가지고 삶에 모든 행동이 생각에서 나온다. 나무를 보면 기둥과 가지가 보이고 때에 따라 잎과 꽃, 그리고 열매를 볼 수 있다. 그런데 그 모든 것의 핵심은 보이지 않는 뿌리에 있다. 뿌리가 땅속 깊숙이 뻗고 물과 영양분을 충분히 공급받을 때, 나무는 잘 자란다. 이와 마찬가지로 우리가 하는 말과 행동의 뿌리는 생각에 있다. 이 비밀을 깊이 이해한 사람은 생각을 가꾸는 데 힘을 쓴다. 다양한 배움과 경험을 통해 생각의 크기를 키우고, 자기 안에 보이지 않는 무의식을 활용한다.

생각은 자신뿐만 아니라 다른 사람에게도 영향을 미친다. 내 생각이 말과 행동으로 나오기 때문에 주변 사람이 내 생각에 알게 모르게 영향을 받게 된다. 이것을 거꾸로 생각하면 다른 사람의 생각에 우리가 영향을 받을 수 있음을 의미한다. '나는 요즘 어떤 말을 자주 하는가?', '나는 요즘 어떤 행동을 자주 하는가?'라는 질문을 자신에게 해보자. 내가 자주 말하고, 자주 하는 행동이 요즘 내가 가진 생각이다. 내 생각이 지금 나와 타인에게 도움을 주고 있는지, 아니면 발목을 잡고 있는지 생각하는 것을 한번 생각해보자. 사람들이 생각한다고 생각하지만, 사실은 기존 생각을 갖고 있는 경우가 많다. 생각한다는 의미는 이전과 다르게 생각한다는 의미다. 기존 생각을 갖고 타성과 통념에 젖어 있는 사람은 생각하는 사람이 아니라, 생각을 갖고 있는 사람이다. 나는 생각하는 사람인지 기존 생각을 갖고 사는 사람인지 생각해보자.

독서모임
– 함께 읽으면 생각지도 못한 생각을 하게 된다

　책을 읽는다는 것은 능동적인 활동이다. 더구나 독서모임에 참여해서 책을 함께 읽는다는 것은 더욱 능동적인 활동이다. 독서모임을 통해 책을 평소 책을 잘 읽지 않았던 사람도 책을 읽게 되고, 더 나아가 글쓰기와 말하기까지 진행되기 때문이다. 내가 속한 독서모임은 한 달에 한 번 주말 모임을 한다. 모두가 직업을 가지고 있고, 대부분 40대 이상으로 삶이 바쁜 사람들이지만, 시간을 내서 모임을 한다. 우리는 그 안에서 열정과 생각을 함께 공유한다. 모임 진행은 우선 정해진 책을 각자 한 달 동안 읽으면서 가슴 깊이 다가온 '인두 같은 문장' 세 개를 뽑는다. 그 후 뽑은 문장마다 '느끼고 생각한 점'을 적고, '읽고 실천할 점'을 적는다. 그러면 인두 같은 문장을 포함해서 아홉 개의 글이 된다. 마지막으로 책을 읽고 '한마디 정리'를 하면 총 열 개의 글이 된다. 우리는 그것을 가지고 발표를 하고, 마지막으로 유영만 교수께서 책 정리를 강의식으로 해주시며 마무리한다.

흔히 책을 읽고 남는 것이 없다고들 하는데 이렇게 하면 남는 게 많다. 일단 글을 써놓은 게 있으니 남는 거고, 이것을 재료로 다른 글쓰기에 활용할 수도 있다. 게다가 이것은 책 쓰기에도 도움이 된다. 꾸준히 글을 쓰면서 글쓰기 근육이 늘고, 생각하는 힘을 기를 수 있기 때문이다. 읽기에서는 대충이 통하지만, 쓰기는 대충 쓰는 게 통하지 않는다. 쓰기는 오롯이 자신의 힘으로 해내야 한다. 이는 마치 힘들더라도 아기가 열심히 걸으면서 다리 근육이 붙는 것과 같다. 걸을수록 오히려 더 잘 걸을 수 있는 것처럼 글쓰기도 마찬가지다. 처음에는 쓰는 것이 힘들지만 이것에 점점 익숙해지면 쓰는 즐거움이 느껴진다. 글쓰기는 내가 생각하는 독서모임의 첫 번째 장점이다. 쓰지 않고 읽기로 끝나는 독서와 읽은 후 자신의 느낌과 생각으로 다시 정리하며 쓰기로 연결되는 독서의 효과는 생각보다 크다. 쓰지 않고 읽기만 반복되는 독서는 오히려 남의 생각에 종속되는 위험을 초래할 수도 있다.

독서모임의 두 번째 장점은 함께 읽으면서 다르게 생각할 수 있다는 점이다. 우리는 모두 자기 생각으로 살아간다. 하지만 내 생각만 옳다고 고집해서는 소통이 안 되는 사람이다. 독서모임은 다른 사람들의 생각을 존중한다. 존중할 뿐만 아니라 우리는 서로의 생각에 감탄할 때가 많다. 책을 읽고 느낀 것을 서로 발표할 때면 '어떻게 저런 생각을 할 수 있을까?' 하고 감탄사를 자아낸다. 독서모임은 독특하고 기발한 생각의 장이고, 갖가지 생각으로 차려진 일종의 생각 뷔페다. 같은 책을 읽고도 다르게 생각하는 함께 읽기의 장점은 생각지도 못한 생각을 잉태한다. 저마다의 삶으로 축적된 체험적 통찰력으로 동일한 텍스트를 읽고 해석하면서 자기주장과 의견을 발표하는 과정은 그 사람의 삶을 통해서 똑같은 책을 다시 한번 읽는 효과를 발휘한다. 그래서 다양한 생각을 맛볼 수 있고, 늘 다음번 음식이 기대된다. 나는 누구보다 열심히 생각 음식을 준비했다. 한번은 유영만 교수가 쓴 《공부는 망치다》라는 책을 읽다가 책 속에 나온 '우여곡절'이라는 단어를 보면서 나는 좀 엉뚱한 생각을 하게 되었다. '우여곡절은 사람들이 가능한 한 피하고 싶은 절이겠구나!' 하는 생각이었다. 그러면서 왠지 '절 이름 난센스 퀴즈'를 만들고 싶어졌다.

- 절 이름 난센스 퀴즈-

1. 사람들이 가장 좋아하는 절은? -친절

2. 사람들이 가장 싫어하는 절은? -불친절

3. 사람들이 가능한 피하고 싶은 절은? -우여곡절

4. 사람들이 하소연하고 싶을 때 가는 절은? -구구절절

5. 절 중에 가장 밝은 절은? -명절

6. 누구도 피해갈 수 없는 절은? -계절

7. 들어가면 위험한 절은? -기절

8. 처음 만나는 사람들끼리 가는 절은? -인사

9. 뭔가를 잘못해서 생긴 절은? -불찰

10. 그 불찰을 보고 지은 절은? -아뿔사(싸)

독서모임에서 이것을 발표했을 때 사람들은 모두 웃었고 나도 기분이 좋았다. 이것이 함께 읽는 즐거움이고, 함께 읽을 때 발휘되는 힘이다. 내가 만약 혼자서만 책을 읽었다면 이런 생각을 못 했을 것이다. 들어줄 사람이 있기에 가능했다. 다른 사람들의 생각이 나에게 신선함을 줄 때도 나는 기분이 좋았다. 함께 읽으면서 생각지도 못한 생각을 하게 되는 독서모임이 나에게는 하나의 설렘이 되었다. 다음이 기다려지는 모임이 있다는 것은 삶에 행복을 가져다준다. 다음이 기다려지는 모임의 목록이 많아질 때, 우리 삶도 그만큼 행복해진다.

독서모임은 책 영양사다

독서모임의 세 번째 장점은 독서모임이 책 영양사 역할을 한다는 점이다. 자신이 좋아하는 부류의 책만 즐겨 읽는 사람에게 독서모임은 다양한 책을 읽게 함으로써 정신적 영양섭취를 골고루 하게 도와준다. 아마 독서모임이 아니었다면 나도 평생 죽을 때까지 읽지 않았을 책들도 있었다. 그 대표적인 책이 니체(Friedrich Nietzsche)의 《인간적인 너무나 인간적인 I 》[23]과 《인간적인 너무나 인간적인 II 》[24]였다. 이 책은 난이도가 최상에 가까웠다. 책 페이지 수도 많았지만, 내용을 이해하기도 어려웠다. 하지만 모든 책에서는 저마다 느껴지는 게 있다. 이 책에서도 당연히 느껴지는 게 있었다. 우선 《인간적인 너무나 인간적인 I 》에서 강력한 한 문장이 내 가슴 깊이 들어왔다. "모든 인간은 모든 시대가 그랬던 것처럼 지금도 여전히 노예와 자유인으로 나뉘어 있다. 왜냐하면, 하루의 3분의 2를 자신을 위해 가지고 있지 않은 사람은 노예이기 때문이다." 나는 이 문장을 읽으면서 깊은 생각에 잠겼다. 나는 자유인인가? 노예인가? 진정한 자유란 무엇일까? 그리고 생각한 것을 글로 적었다. 다른 사람의 글을 읽고 그냥 좋아하거나 감동받고 끝나면, 내 생각으로 깊어지거나 행동의 변화를 유발하지 못한다. 비록 미천하지만 내 생각과 나의 언어로 다른 사람의 생각이 담긴 문장을 나의 관점에서 재해석해볼 필요가 있다. 내 경험에 비추어 재정리하는 과정에서 지식은 새롭게 창조되기 때문이다.

'진정한 자유란 무엇일까? 내가 생각하는 자유는 능력을 의미한다. 그리고 그 능력은 세 가지로 함축된다.

첫째, 선택할 수 있는 능력이다. 우리는 살면서 많은 선택을 강요받는다. 하지만 누구의 방해도 받지 않고, 강요가 아닌 내 마음속에서 순

---

23 《인간적인 너무나 인간적인 I 》, 책세상, 프리드리히 니체 지음. 김미기 옮김(2001).
24 《인간적인 너무나 인간적인 II 》, 책세상, 프리드리히 니체 지음. 김미기 옮김(2001).

수하게 하고 싶다는 마음에서 나오는 것을 선택할 수 있는 능력이다. 둘째, 시작할 수 있는 능력이다. 사람은 어떤 것을 하고 싶다고 지금 당장 또는 자신이 원하는 때에 그것을 시작하는 사람은 드물다. 이런 저런 조건과 상황을 따지게 되는데 가능한 한 어떤 조건에도 시작할 수 있는 능력이다. 셋째, 이뤄낼 수 있는 능력이다. 선택하고 시작한다고 모든 것을 이뤄낼 수는 없다. 이뤄내는 과정 속에는 반드시 고통이 뒤따르기 때문이다. 그래서 여기에는 끈기와 인내 등 다양한 능력이 포함된다. 자신이 원하는 것을 시간이 걸리더라도 이뤄낼 수 있는 능력이야말로 자유를 얻는 데 가장 큰 능력이라 할 수 있겠다. 선택할 수 있는 능력, 시작할 수 있는 능력, 이뤄낼 수 있는 능력, 이 세 가지를 모두 갖춘 능력이 나에게는 자유다.'

이렇게 글을 적으면서 나는 진정한 자유인이 되고 싶어졌다. 내가 선택하고, 시작하고, 이뤄낼 수 있는 능력을 지닌 내가 되고 싶었다. '진정한 자유인이 되기 위해 내가 무엇을 해야 할까?'를 생각하니 나에게 주어진 재료인 '오늘'을 잘 활용해야겠다는 생각이 들었다. '오늘'은 우리에게 주어진 재료다. 우리는 오늘을 가지고 각자의 삶을 만들어간다. 현재 내 모습은 과거 오늘을 보낸 집합이고, 내 미래 모습은 현재 오늘을 어떻게 살아가느냐에 달렸다. 나는 오늘 하루를 어떻게 살고 있는가? 미래 내 모습이 궁금하다면 자신이 오늘 하루를 어떻게 보내고 있는지 잘 관찰해 보자. 자유인으로 살게 될지, 아니면 노예로 살게 될지 깊이 한번 생각해보자. 자유인으로 산다는 건 삶의 주인으로 산다는 의미다. 주인은 자신이 원하는 일을 자유롭게 하는 사람이고, 노예는 자신이 원하지 않는 일을 누군가의 지시에 의해 강제로 어쩔 수 없이 하는 사람이다. 주인은 자기다운 삶을 살기 위해 니체의 말처럼, 하루 대부분의 시간을 자신을 위해 행복하게 즐기면서 사용하지만, 노예는 하루 대부분의 시간을 누군가가 정해놓은 일을 강제로 노동하는 사람이다.

앎과 삶의 하모니, 실천으로 완성된다

기형도 시인의 시 '우리 동네 목사님'에 "성경이 아니라 생활에 밑줄을 그어야 한다"라는 구절이 나온다. 책을 읽다 보면 감탄이 절로 나오고 무릎이 쳐지는 문장들이 있다. 마치 소풍 때 보물찾기 게임에서 보물을 찾은 듯한 느낌이다. 나는 그동안 책을 읽으면서 좋다고 느껴지는 문장들에 많은 밑줄을 그어왔다. 독서모임에 참여하면서부터는 좋은 문장을 더 적극적으로 찾으려고 노력했다. 하지만 밑줄을 긋고 실천하지 않으면 그것은 앎으로 끝난다.

그리고 그 앎의 대부분은 시간이 지나면서 어딘가로 이내 사라지고 만다. 이는 마치 내가 어렸을 때 외할머니댁에 가서 경험했던 수동 펌프와 비슷했다. 외할머니댁 마당 한구석에 수동 펌프가 놓여 있었다. 빨간 고무통에 받아놓은 물을 한 바가지 퍼서 펌프에 넣고 열심히 펌프질하면 신기하게도 물이 펌프 주둥이를 통해 콸콸 쏟아졌다. 내 행동으로 인해 물이 콸콸 쏟아져 나오는 모습은 나에게 뭔가 모를 재미와 쾌감을 주었다. 하지만 펌프에 마중물을 넣고 가만히 있으면 그 물은 이내 소리 없이 사라졌다. 마찬가지로 책을 읽고 느낀 것을 생활에 적용하지 않는다면, 이 또한 그냥 한때의 느낌으로 사라지고 만다. 많은 책을 읽었어도 남는 게 없는 이유다. 궁극적으로 책 읽기는 눈으로 읽고 머리로 생각하는 게 아니라 몸으로 읽고 몸으로 실천하는 가운데 완성된다.

독서모임에서 유영만 교수가 쓴 《나무는 나무라지 않는다》[25]를 읽다가 느낌 있는 한 문장을 발견하고 밑줄을 쳤다. "자연을 아는 것은 자연을 느끼는 것의 절반만큼도 중요하지 않다. 마찬가지로 나무를 아는 것은 나무를 느끼는 것의 절반만큼도 중요하지 않다"라는 문장이었다. 이 문장을 읽고 마음속으로 나무에 대해 아는 것을 넘어 느껴봐야겠다고 생각했다. 그래서 한 달 동안 나무를 유심히 관찰하며 나무가 주는 메시지를 받으려 노력했다. 그러다가 산책하는 도중에 문득 이런 생각이 들었다. '사랑을 아는 것은 사랑을 느끼는 것의 절반만큼도 중요하지 않다. 그리고 사랑을 느끼는 것은 사랑을 실천하는 것의 절반만큼도 중요하지 않다.' 뭔가 마음속에서 울림이 느껴졌다. 나는 그 순간 홀로 계시는 어머니께 전화를 드렸고, 전화를 받으신 어머니는 나를 무척 반기셨다. 사랑을

---

25 《나무는 나무라지 않는다》, 나무생각, 유영만(2017).

아는 것보다 실천하는 것이 훨씬 더 중요하다는 것을 깨닫는 순간이었다.

우리는 살면서 많은 것을 알려고 애쓴다. 그것도 이왕이면 더 빨리 더 많은 것을 알고 싶어 한다. 어쩌면 우리가 책을 읽으면서 좋다고 느끼는 문장에 밑줄 긋느라, 강의를 들으면서 좋다고 생각되는 내용을 적느라 정작 중요한 것을 잊은 건 아닐까? 기억하자, 앎은 삶에 실천으로 완성된다.

가끔은 책을 읽으면서 사실적인 문장에서 깊은 생각에 잠길 때가 있다. 아마도 그것은 삶에서 느낀 무언가와 문장에서 나오는 주파수가 맞기 때문일 듯싶다. 같은 책에 있는 "나무줄기에 옹이가 생기면 나무는 목재로서 가치가 현저하게 떨어진다. 하지만 이런 옹이도 그 나름의 가치를 인정받을 때가 있다. 건물의 대들보나 기둥으로 쓰일 때다"라는 문장을 보면서 나는 문득 이런 생각이 들었다.

'옹이는 사람으로 치면 마음속의 아픈 상처다. 특히 아픈 상처로 치자면 조국을 위해 목숨 바쳐 돌아가신 수많은 애국지사나 열사들의 부모님을 빼놓을 수 없다. 예를 들어, 안중근 의사는 이토 히로부미를 저격하고 법정에 서서 목숨으로 대한민국의 독립 의지를 세계에 전하고자 노력했고, 전태일 열사는 대한민국 노동자들의 열악한 노동조건 개선을 위해 자신의 온몸을 불태웠다. 이들 부모님께, 그리고 대한민국에게 이들은 옹이다. 부모님께는 아픈 상처의 옹이로, 하지만 대한민국에 있어서는 대들보와 기둥으로 존재하는 자랑스러운 옹이다.'

사람은 누구나 가슴 아픈 옹이를 가지고 있다. 그리고 어쩌면 이런 옹이들이 지금껏 자신을 지탱하게 하는 대들보와 기둥일지도 모른다. 그러니 마음속에 상처가 생기는 것을 두려워하지 말자. 자신의 옹이가 때론 누군가에게 위로와 희망이 될 수 있다는 마음으로 하루하루를 열심히 살아가자. 앎을 넘어 삶으로 완성해보자.

4부

두려움을 설렘으로 바꾸는
비밀 처방전

두려움의 반대말은
설렘이다

두려움은 어떤 대상을 무서워해서 마음이 불안한 상태를 의미한다. 그러면 두려움의 반대말은 무엇일까? 내가 생각하는 두려움의 반대말은 설렘이다. 설렘은 마음이 들떠서 두근거리는 상태를 뜻한다. 두려움이 보통 어둡고 부정적인 느낌을 준다면, 설렘은 밝고 긍정적인 느낌을 준다. 두려움은 '과연 할 수 있을까?' 하는 의심에서 시작되고, '잘못되면 어떡하지?' 하는 걱정으로 커진다. 반면 설렘은 '하고 싶다'는 마음에서 싹트고, '할 수 있다'는 믿음으로 자란다. 두려움은 불안, 초조, 걱정이라는 어두운 친구들을 좋아한다. 이들의 특징은 무언가를 하기 싫어한다. 이들과 자주 어울리다 보면 내 안의 두려움이 어느새 '포기'를 선택한다. 반면 설렘은 재미, 즐거움, 행복이라는 밝은 친구들을 좋아한다. 이들의 특징은 자꾸 무언가를 하고 싶어 한다. 이들과 자주 어울리다 보면 내 안의 설렘이 어느새 '도전'을 선택한다. 결국 두려움은 포기를 부르고, 설렘은 도전을 부른다. 두려움은 포기를 선택하면서 악순환을 반복하지만, 설렘은 도전을 선택해서 선순환을 반복한다. 포기하면 성장과 발전도 멈추지만, 도전하면 비록 실패하더라도 소중한 체험적 교훈을 통해 성장할 수 있는 밑거름이 마련된다.

두려움과 설렘 사이에는 '용기'라는 친구가 있다. 용기는 평소에는 잘 보이지 않다가 뭔가를 해봐야겠다고 마음먹을 때 비로소 나타난다. 마치 밀물과 썰물에 따라 보였다, 안 보였다 하는 다리와 같다. 용기는 두려움 때문에 포기하는 순간 자취를 감춰버리고, 두려움에도 불구하고 도전하는 순간 든든한 지원군이 되어 소망으로 가는 길을 열어준다. 두려운 대상은 존재하지 않는다고 한다. 다만 두렵다고 생각하기 때문에 두려운 감정을 느끼는 것이다. (지금 생각해보면 웃음이 나지만) 내가 어렸을 때 어른들은 이런 두려운 감정을 이용해 아이들이 말 잘 듣기를 바라기도 했다. "자꾸 울면 경찰 아저씨가 잡아간다.", "너 자꾸 울면 떼어놓고 간다." 심지어는 크리스마스 노래 가사 속에도 두려움을 넣어 이용했다. '산타 할아버지는 우는 아이에게 선물을 안 주신다'면서. 아이들에게 선물은 설렘이고, 기쁨이고, 행복인데 우는 아이는 그것을 못 받는다고 하니 얼마나 두려운가. 이렇듯 두려움은 실체가 없이 생각으로 만들어지는 경우가 많다.

삶에는 두려움과 설렘이 함께 공존한다. 심지어는 하나의 대상을 놓고 두려움과 설렘을 모두 느낄 수도 있다. 예를 들어, 나에게는 영업과 강의, 그리고 책 쓰기가 그랬다. 처음에는 두려움이 앞섰고, 시간이 지나면서는 설렘이 더 크게 작용했다. 무엇이 나를 그렇게 만들었을까? 어떻게 두려움이 설렘으로 바뀐 걸까? 이것을 크게 5단계로 정리할 수 있었다.

두려움을 설렘으로 바꾸는
5단계 비밀 처방전

1. 최악의 상황 상상하기
– 최악의 상황을 감당할 수 있겠다고 생각하면 도전할 수 있다

두려움을 설렘으로 바꾸는 1단계는 '최악의 상황 상상하기'다. 두려움의 뿌리는 무지에 있다. 어떻게 될지 모름은 사람을 불안하게 하고 두렵게 한다. 하지만 위험을 동반하지 않는 모름은 진정한 두려움의 대상이 못 된다. 심지어는 안전한 두려움은 우리에게 짜릿한 즐거움을 안겨준다. 그 대표적 예가 놀이기구다. 우리는 번지점프를 할 때나 바이킹 같은 놀이기구를 타면서 두려움을 느낀다. 하지만 그것이 위험하지 않다는 믿음이 있기에 우리는 그것을 즐길 수 있다. 공포 영화를 볼 때도 마찬가지다. 공포가 클수록 우리는 더 짜릿한 즐거움을 느낀다. 그로 인해 별다른 위험이 없다는 사실을 알기 때문이다. 이처럼 우리가 삶에서 두려움을 느낄 때 크게 위험하지 않다는 걸 알면 한결 마음이 편안해진다. 어떤 일을 앞두고 두려움이 느껴진다면, 우선 그 크기를 예측해보면 좋다. 두려움의 크기를 어떻게 알 수 있을까? 그때 필요한 것이 상상하기다. 상상한다고 해서 두려움의 크기를 정확히는 알 수 없지만, 어느 정도 예상할 수 있다. 이때 가능한 한 벌어질 수 있는 최악의 상황을 상상해보면 좋다.

최악의 결과가 벌어질 것을 상상했는데도 할 수 있겠다는 결심이 서면 그때는 과감히 도전할 수 있다. 그보다 더 두려운 일은 거의 벌어질 일이 없기 때문이다. 당연히 그보다 강도가 약한 상황이라면, 그때는 훨씬 더 가벼운 마음으로 도전을 이어갈 수 있다. 내가 책을 쓴다고 생각했을 때 처음에는 두려움이 앞섰다. 아직 준비되지 않은 것 같았고, '과연 내가 쓸 수 있을까?' 하는 두려움이 느껴졌다. 그때 나는 최악의 상황을 상상해봤다. 책을 쓰다가 끝까지 못 쓴다 해도 나에게 치명적인 일이 벌어지지 않음을 상상할 수 있었다. 최악의 상황을 감당할 수 있겠다고 생각하니 도전할 수 있었다. 우리말에 '죽을 각오'라는 말이 있다. 이는 최악을 죽음까지 생각하는 것으로 이보다 더 큰 두려움은 없다. 어떤 일을 앞두고 두려워서 할까? 말까? 망설이고 있다면 최악의 상황을 상상해보자. 죽을 각오까지 아니더라도 최악의 상황을 감당할 수 있겠다고 생각하면 도전할 수 있다. 목숨이 위태로운 게 아니라면 도전할 수 있을 것이다.

2. 용기 내기
– 두려움을 설렘으로 바꾸는 핵심 열쇠는 '용기'다

두려움을 설렘으로 바꾸는 2단계는 '용기 내기'다. 우리 마음속에는 시소가 하나씩 존재한다. 그리고 그 양쪽 끝에는 두려움과 설렘이 있다. 우리가 가운데 서서 방향을 정해 움직이면 자연스레 시소는 바라보는 방향으로 기울어진다. 두려움을 향해 걷다 보면 '포기'가 나를 끌어당기고, 설렘을 향해 걷다 보면 '행복'이 어느새 나를 마중 나온다. 두려움을 설렘으로 바꾸고자 할 때 꼭 필요한 것이 바로 '용기'다. 윈스턴 처칠(Winston Churchill)은 "용기는 으뜸가는 덕목이다. 다른 덕목은 용기에 의존한다"라고 말했다. 이는 마치 기차놀이 하듯 용기가 삶에서 앞으로 치고 나갈 때, 다른 덕목은 선두에 있는 용기를 붙잡고 따라가게 된다는 것이다.

용기는 다른 의미로 그릇을 뜻하기도 한다. 그릇은 무언가를 담기 위해 존재한다. 그런 관점에서 봤을 때 내가 생각하는 용기란, '도전으로 인해 앞으로 닥칠 모든 것을 감내하겠다는 마음의 그릇을 준비하는 것'이다. 또한 '두려움에도 불구하고 한 발짝 앞으로 나아가 삶에 반경을 넓히는 것'이다. 두려움을 극복하는 유일한 방법은 두려움에도 불구하고 정면으로 도전하는 길이다. 인생을 살면서 두렵다고 피하면 언젠가 같은 두려움과 또 마주치게 된다. 어차피 넘어야 할 두려움이라면 오늘 넘는 게 속 편하다.

용기는 최악의 상황을 감내하겠다는 마음이다. 내가 처음 영업을 시작할 때, 나에게 용기는 딱 이런 마음이었다. 사실 어떤 일이 벌어질지 잘 몰랐지만, 용기를 내는 순간 마음에서 뭔가 모를 희망이 비추는 듯했다. 용기를 낸다는 것은 마음속에 희망을 품는다는 의미이고, 또 지금까지와 다르게 살아보겠다는 결심이다. 용기를 낼 때 두려움은 용기에게 막고 있던 길을 열어준다. 두려움이 클수록 용기의 힘은 크게 필요하다. 이는 마치 자동차나 비행기가 멈춰 있다가 처음 움직일 때 큰 힘이 필요한 것과 같다. 이때 필요한 것은 에너지의 집중이다. 마찬가지로 용기를 낼 때도 집중이 필요하다. 축구공 크기의 솜사탕을 최대한 멀리 던지는 방법이 무엇일까? 뭉쳐야 한다. 솜을 뭉치면 밀도가 높아지고 바람의 저항을 덜 받는다. 용기도 이와 비슷하다. 마음에서 단단하게 뭉쳐진 용기는 두려움의 저항이 적어져 멀리까지 날아갈 추진력을 받는다.

용기는 또한 마음의 지렛대 역할을 한다. 두려움에 짓눌려 몸을 움직일 수 없을 때 용기가 도움을 준다. 도저히 내 힘으로는 불가능해 보이는 일도 용기라는 지렛대를 이용하면 가능할 수 있다. 이처럼 용기는 두려움을 설렘으로 바꾸는 핵심 열쇠다. 용기는 머리로 계산해서 생기는 두뇌작용의 산물이 아니다. 오히려 용기는 심장을 뜻하는 'Heart'에서 유래되었다고 한다. 느낌이 왔을 때 머뭇거리지 말고 과감하게 도전할 때, 용기는 큰 힘을 발휘한다.

3. 시도하기
– 시도하지 않으면 아무것도 이룰 수 없다

두려움을 설렘으로 바꾸는 3단계는 '시도하기'다. 용기를 냈다면 최대한 빠르게 무슨 행동이라도 취하는 게 좋다. 행동하지 않고 시간이 흐르면 용기는 어느새 밀물에 잠기는 다리처럼 사라지게 된다. 그러면 두려움이 다시 커지고, 커진 두려움은 하지 말아야겠다는 핑계를 찾게 만든다. 사람은 하겠다고 마음먹으면 '방법'을 찾고, 안 하겠다고 마음먹으면 '핑계'를 찾는다. 핑계가 아니라 방법을 찾고 행동할 때 비로소 설렘의 문에 들어서게 된다. 철학자 강신주 박사는 "산이 험한 이유는 오르려 하기 때문이다. 바라만 보는 사람에게 산은 그저 풍경에 지나지 않는다"라고 말한다. 그러면서 우리가 꾸는 꿈이 '개꿈'인지, '진짜 꿈'인지는 그 사람이 취하는 행동을 보면 알 수 있다고 한다. 진짜 꿈을 꾸는 사람은 행동하기 때문이다. 예를 들어, 다이어트를 하겠다고 말하는 사람이 행동하지 않고 말만 한다면 개꿈이고, 운동을 시작하고 식단을 조절한다면 그건 진짜 꿈이라고 말할 수 있다. 시도하고 시작해야 작품도 탄생한다. 비록 그 작품이 졸작이라 할지라도 그것이 밑거름되어 대작을 만들 수 있다. 시작하지 않는 사람에게 세상은 아무것도 주지 않는다.

나는 언젠가 책을 쓰겠다고 주변에 말을 했었다. 그리고 내가 취한 행동은 언젠가 책을 쓰기 위해 다양한 책을 읽고 독서노트를 정리했고, 일기를 꾸준히 썼다. 그리고 다양한 생각을 하기 위해 다양한 강의를 들었고, 색다른 공부를 했고, 다양한 사람을 만나는 독서모임에도 참여했다. 내 행동에 비춰봤을 때 나에게 책 쓰기는 진짜 꿈이었다. 하지만 나에게 책 쓰기의 진짜 설렘은 책을 쓰기 시작하면서부터였다. 책을 쓰기 시작하면서 설렘은 내 밤잠을 설치게 했고 삶에 행복을 가져다주었다. 생각만이 아니라 시도했기에 온몸으로 그 느낌을 경험할 수 있었다. 그리고 이 경험은 나에게 평생 잊을 수 없는 추억을 선물했다. 또 새로운 도전을 꿈꾸게도 했다. 계속 개꿈을 꿀 것인가? 꿈을 이룰 것인가? 그것은 바로 '시도하기'에 달려 있다. 시도하지 않으면 아무것도 이룰 수 없다. 모든 성장과 발전은 시도에서 비롯되고 그 과정에서 기회도 설렘도 찾아온다. 시도해야 이전과 다른 인생이 펼쳐지고 원하는 것을 얻을 수 있다. 시도하기도 전에 안 된다고 생각하지 말고, 시도하면서 이전과 다르게 시도하는 방법도 찾아보자.

4. 반복하기
– '반복'하면 두려움을 '극복'할 수 있고, 극복하면 '행복'해진다

두려움을 설렘으로 바꾸는 4단계는 '반복하기'다. 운전을 처음 하는 사람은 보통 두려움을 겪기 마련이다. 혹시 사고라도 날까 봐 잔뜩 긴장한 상태로 정신을 바짝 차리고 운전에 집중한다. 그렇게 한다 해도 운전 초보 때는 몸이 맘처럼 따라주지 않는다. 시야도 좁고 마음의 여유도 없이 왠지 불안한 마음이 가득하다. 하지만 반복해서 운전하다 보면 시야가 넓어지고 어느새 자동차를 내 마음대로 조정할 수 있게 된다. 그때는 두려움보다 설렘이 앞선다. 내가 원하는 목적지에 스스로 차를 몰고 갈 수 있다는 것은 매우 신나는 일이기 때문이다. 자전거를 처음 탈 때도 이와 비슷하다. 처음에는 누가 잡아주지 않으면 넘어질까 봐 두렵지만, 반복을 통해 혼자서 자전거를 타게 되는 순간 짜릿함과 설렘이 느껴진다. 이처럼 반복은 자신감을 키우고 설렘을 부른다. 나는 영업과 강의를 통해 이 사실을 깨달았다. 두려웠던 경험도 반복하면 어느 순간 반전이 일어나면서 놀라운 역전의 기회가 찾아온다. 반복은 자신감을 심어주고 이전과 다른 새로운 가능성의 문으로 인도해준다.

책을 쓰면서도 이와 비슷한 기분을 느꼈다. 처음에는 무슨 주제로 책을 써야 할지, 어떻게 써야 할지부터가 고민이고 걱정이었다. 하지만 계속해서 생각하고 매일같이 쓰다 보니 점점 자신감이 붙고 설렘이 느껴졌다. 〈생활의 달인〉이라는 TV 프로그램을 보면 달인들은 하나같이 반복의 달인임을 알 수 있다. 위대한 업적을 이룬 모든 사람은 반복의 달인이다. 운동선수, 가수, 화가, 강사, 작가 등 반복하지 않고 뭔가를 이루는 사람은 없다. 《아주 작은 반복의 힘》[26]에서 로버트 마우어(Robert Maurer PH.D.)는 "목표를 달성하는 유일한 길은 작은 반복이다"라고 말한다. 물론

---

26 《아주 작은 반복의 힘》, 스몰빅라이프, 로버트 마우어 지음, 장원철 옮김(2016).

두려움 너머 설렘의 꽃이 피다

아주 오랜 반복은 지루함을 몰고 온다. 그럼에도 불구하고 반복 속에서 행복을 느끼는 사람이 달인이 된다. 달인이 되는 것까지는 아니어도 반복의 힘을 믿어보자. '반복'하면 두려움을 '극복'할 수 있고, 극복하면 '행복'해진다. 반복하지 않고 위대한 성취는 물론 작은 성과도 이룰 수 없다. 모든 성취감은 지루한 반복이 낳은 산물이다.

5. 설렘 리스트 작성하기
– 설렘이 많을수록 삶이 행복해진다

두려움을 설렘으로 바꾸는 5단계는 '설렘 리스트 작성하기'다. 설렘의 뿌리는 소망에 있다. 예를 들어, 소개팅에서 '잘됐으면' 하는 소망은 설렘을 부르고, '잘 안되면 어떡하지?' 하는 걱정은 두려움을 부른다. 그래서 삶에는 소망이 많을수록 행복하다. 소망은 설렘을 신호로 기분을 좋게 하는 행복에너지를 부르기 때문이다. 어릴 적 우리는 작은 일에도 기뻐했고, 하고 싶은 것도 많았다. 그때는 소망의 크기도, 가능성도 중요하지 않았다. 그냥 소망하는 자체가 좋았고 설렜다. 하지만 나이를 먹으면서 우리 안에 있던 많은 소망이 사라지고, 크기도 줄어들었다. 자신의 소망은 잊은 채 남들이 좋다고 하는 대중적 소망에 열광하기도 하고, 소망을 점점 줄이다가 내가 무엇을 하고 싶은지 소망 자체를 잃어버리기도 했다. 하지만 자기 내면을 자세히 들여다보면 우리에게 소망은 여전히 존재한다. 큰 소망만을 생각하다 보니 잊고 있는 거다. 사람들에게 꿈을 물어보면 잘 대답하지 못하는 경우가 그런 경우다. 왠지 꿈은 거창한 것이어야 대답할 수 있을 것 같아서다. 하지만 질문을 살짝 바꿔보면 대부분 대답을 잘한다. 나는 책을 쓰면서 만나는 사람들에게 이렇게 질문하곤 했다. "무엇을 할 때 설레세요?" 그러면 사람들은 "맛있는 음식을 먹을 때요", "낚시할 때요", "그림 그릴 때요", "좋아하는 친구를 만나 함께 시간을 보낼 때요", "요리할 때요", "춤출 때요", "음악 들을 때요", "영화 볼 때요", "독서 할 때요", "캠핑할 때요", "여행할 때요"라고 대답하면서 자신이 기분 좋았던 느낌을 기억했다.

어떤 사람은 웃음 띤 얼굴로 상황 하나하나를 나에게 자세히 설명하면서 행복감에 빠져들기도 했다. 빨리 또 하고 싶은 마음이 내게도 전해졌다. 그러면 추가로 "앞으로 뭐 해보고 싶으세요?"라고 물으면 생각나는 것을 이야기했다. 이렇게 앞으로 해보고 싶은 게 소망이고, 그 소망을 이뤄봐야겠다고 생각할 때 설렘은 시작된다. 그리고 행동할 때 설렘은 더욱 커진다. 설렘이 커질수록 두려움은 반대로 작아진다. 이것은 태양이 높을수록 그림자가 짧아지는 것과 같은 이치다. 이왕이면 내가 하고 싶은 것을 글로 적으면 좋고, 하고 싶은 게 많을수록 좋다. 하고 싶은 게 많을수록 설렐 일이 많아지기 때문이다. '책 쓰기'는 나의 설렘 리스트 중 하나였고, 책을 쓰는 동안 많은 설렘이 있었다. 자신만의 '설렘 리스트'를 작성해보자. 설렘이 많을수록 삶이 행복해진다. 설렘 리스트는 일종의 버킷 리스트다. 해보고 싶지만, 이런저런 사정으로 하지 못하고 미루어놓은 꿈의 목록이 많다. 머릿속에 잠자고 있는 꿈의 목록을 일단 써보자. 쓰는 것만으로도 꿈은 강한 동기부여를 받고 꿈틀거리고 설렘이 시작된다. 당신의 설렘 리스트가 곧 당신을 행복한 삶으로 인도하는 안내자가 될 것이다.

마음 그릇을 키우면
두려움은 작아지고 설렘은 커진다

어떤 두려움을 극복했다고 해도 우리가 살아 있는 한 두려움은 계속된다. 하지만 두려운 상황도 자주 극복하다 보면 적어도 같은 두려움은 줄어들거나 사라지게 된다. 예를 들어, 운전을 두려워하던 사람이 용기 내서 운전을 시도하고 반복하면, 두려움을 극복하고 운전을 잘하게 된다. 그리고 오랜 운전 경험은 한동안 운전하지 않다가 다시 운전해도 그다지 두려움이 되지 않는다. 이미 운전에 대한 두려움을 극복했기 때문이다. 그래서 삶에서 산전, 수전, 공중전까지 많은 경험을 한 사람들을 보면 별로 두려움이 없어 보인다. 다양한 두려움과 마주했고 그것을 극복한 경험이 몸에 축적되어서다. 짐작하건대, 특수부대에서 극한의 상황까지 몰고 가는 훈련을 시키는 것도 두려움을 극복하기 위한 훈련이라고 생각한다. 두려움은 하고자 함의 걸림돌이 되기 때문에 두려움 극복을 통해 걸림돌을 디딤돌로 바꿔주는 작업이다.

두려움은 그동안 접하지 않은 낯선 것과 마주할 때 느껴진다. 새로운 도전이 싫은 이유다. 하지만 낯선 경험 속에는 설렘도 들어 있다. 새로운 경험을 하고 싶은 이유다. 새로운 도전을 통해 두려움과 마주하고 그것을 극복하는 과정은 세상을 더 크게 받아들이고, 더 크게 경험할 마음 그릇을 키우는 과정이다. 그리고 마음 그릇을 키우는 가장 좋은 방법은 자주 용기 내어 시도하는 것이다. 자주 용기 내어 시도함으로써 마음 그릇을 키우자. 마음 그릇을 키우면 두려움은 작아지고 설렘은 커진다.

마음 그릇을 키우는 좋은 방법으로 감사를 빼놓을 수 없다. 감사는 두려운 세상을 온전히 받아들여 두려움을 줄이고 설렘을 키우는 데 도움을 준다. 삶에서 감사가 없다는 것은 세상을 향한 마음 문이 좁아진 상태다. 시야가 좁아진 상태로는 세상을 바로 보기 힘들고, 두려움은 보이지 않을수록 크게 느껴진다. 감사는 세상을 향한 마음 문을 열어주고, 문이 열리면 세상이 넓게 보여 두려움이 줄어든다. 어떤 사람들은 "감사할 일이 있어야 감사하지"라고 말하지만, 주변에 감사할 일을 찾아보면 사실 셀 수 없이 많다. 나는 심한 폐결핵으로 죽을 고비를 넘긴 후 살아 있는 것 자체가 감사했다. 나는 그때 깨달았다. 살아 있음에 감사하면 모든 것에 감사할 수 있다고. 그래서 나는 이따금 짜증이 몰려올 때면 그때 기억을 떠올리며 살아 있음에 감사한다. 진심으로 그렇게 생각하는 순간, 마음이 다시 평온해지고 다른 것들에 대한 감사도 느껴진다. 가족이 건강함에 감사하고, 할 일이 있음에 감사하고, 함께 일하는 사람들이 있음에 감사하고, 밥을 먹을 수 있음에 감사하고, 걸을 수 있음에 감사하고, 볼 수 있음에 감사하고, 들을 수 있음에 감사하고, 책을 읽을 수 있음에 감사한다. 세상에는 감사할 일이 넘쳐난다. 그래서 지금은 일기를 쓸 때 하루에 감사한 일 다섯 개를 함께 적는다. 언젠가 감사일기를 쓰면 좋다고 들었고, 감사일기를 쓰면서 삶이 변화된 사람을 보았기 때문이다. 하루 다섯 개의 감사한 일을 찾는 것은 처음에는 어려울 수도 있다. 하지만 아주 작고 사소한 것까지 감사하기 시작하면 금방 찾을 수 있다. 살아 있음에 감사하면 다른 것들도 모두 감사의 대상이 된다. 감사를 생활화하고 감사한 일을 적어보자. 감사가 감사를 부를 것이다.

'공'이 쌓이면
'운'이 된다

일기예보를 100% 정확하게 맞출 수 있을까? 그 누구도, 아무리 성능 좋은 컴퓨터도 일기예보를 정확하게 맞출 수는 없다. 기상청도 날이 맑을지, 흐릴지, 비가 올지, 눈이 올지 등을 확률로 이야기할 뿐이다. 한번은 유재석과 조세호 씨가 진행하는 〈유 퀴즈 온 더 블럭〉이라는 TV 프로그램에 기상청에 근무하는 공무원이 나온 적이 있다. 유재석 씨가 그분께 기상청 체육대회에 비가 온 적이 있냐고 묻자, 비가 와서 기상청 체육대회 현수막을 가린 적이 여러 번 있다고 말해 큰 웃음을 자아냈다. 그러면 본인이 일기예보를 하고도 틀린 적이 있냐고 다시 묻자, 이번에도 그렇다고 답을 했다. 하지만 자신은 비가 와도 비를 맞은 적은 없다고 했다. 그 이유는 자신의 가방에 1년 365일 우산을 넣고 다니기 때문이라고 했다. 우리의 삶도 이와 비슷하다. 오늘 무슨 일이 생길지, 내일 어떤 일이 벌어질지 정확히 아는 사람은 아무도 없다. 다만 자신이 원하는 방향으로 삶을 이끌어가기 위해 준비함으로써 안 좋은 일이 생길 확률을 낮추고, 좋은 일이 생길 확률을 높일 뿐이다. 준비한다는 것은 위험을 줄임으로써 두려움을 줄이는 행동이다. 준비한다는 것은 또한 설렘을 높여 행복하기 위한 행동이다. 세상이 복잡해지고 빨라짐에 따라 참으로 준비할 게 많아졌다. 무엇을 준비해야 할까? 어떻게 준비해야 할까? 이 물음에 답을 찾고 준비하는 사람은 마치 비 오는 날 우산을 미리 준비하고 있는 사람처럼 행복할 확률이 높은 사람이다.

우리 말에 "공든 탑이 무너지랴"라는 속담이 있다. 정성을 다한 일은 헛되지 않아 반드시 좋은 결과를 얻는다는 뜻이다. 하지만 요즘은 정성보다 운을 더 많이 바라는 세상이 된 것 같다. 내가 하기보다 남이 해주기를 바라고, 적은 노력으로 큰 성과를 바라고, 적은 돈이 빨리 큰돈이 되길 바란다. 하지만 세상에 공짜란 없다. 공짜 뒤에는 반드시 대가가 있고, 빨리를 추구하면 부실해지기 쉽다. 그러면 무너지지 않는 공든 탑을 어떻게 쌓아야 할까? 이에 나는 세 가지 정성을 쌓는 '삼공(三功)'을 생각해봤다.

첫째 '몸공'이다. 말 그대로 몸으로 쌓는 정성이다. 이것은 우리가 살면서 몸으로 익혀야 하는 모든 것이 해당된다. 쉬운 예로 자전거를 잘 타려면 몸으로 계속 타봐야 한다. 자전거를 직접 타지 않는다면 아무리 맘공을 들여도 자전거를 잘 탈 수는 없다. 계속해서 타고 넘어지는 경험 속에서 안 넘어지는 방법을 터득하게 된다. 이처럼 몸공은 몸을 움직여 계속해서 실력을 쌓는 정성이다. 몸으로 겪어내지 않는 모든 능력은 실력이 되지 않는다. 실력은 몸으로 움직인 실행력의 산물이기 때문이다.

둘째 '맘공'이다. 맘은 마음을 뜻하고 마음으로 쌓는 정성이다. 한 여성이 임신했다고 가정해보자. 이 여성이 갖는 마음은 어떤 마음일까? 특별한 경우가 아니라면 아기가 건강하고 무사히 태어나길 바랄 것이다. 그런 마음으로 인해 여성은 수개월 동안 자연스레 좋은 것을 보려 하고, 좋은 것을 들으려 하고, 좋은 것을 생각하려고 할 것이다. 이처럼 맘공은 간절히 바라는 마음을 꾸준히 쌓는 정성이다. 내가 원하는 미래를 간절하게 바라는 마음이 맘공이다. 간절하고 갈급할수록 맘공은 깊어지고, 그만큼 꿈은 현실로 다가온다.

셋째 '돈공'이다. 돈을 뜻하고 돈을 투자해서 일종의 부족한 부분을 채우는 정성이다. 예를 들어, 헬스장에 가서 그냥 혼자서도 운동을 할 수 있다. 하지만 개인 PT(personal training)를 받아가며 운동을 하면 혼자 운동할 때보다 부족한 부분을 더 채울 수 있다. 자신도 몰랐던 잘못된 운동 습관을 고칠 수도 있고, 효율적인 운동 방법을 익힐 수도 있다. 돈공에는 또 다른 의도가 숨어 있다. 돈을 들이면 몸과 마음이 따라 움직인다. 흔히 "돈이 아까워서라도 한다"는 말이 딱 돈공의 의도를 잘 표현한 말이다.

가장 이상적인 투자는 자신을 사랑하는 데 필요한 투자다. 내 몸과 맘의 건강함을 위한 돈공은 또 다른 돈을 불러오는 부의 원천이 되기도 한다.

'공'이라는 글자를 180° 뒤집으면 '운'이라는 글자가 된다. 맘공, 몸공, 돈공을 열심히 쌓아보자. 공이 쌓이다 보면 언젠가 운으로 바뀔 수 있다. 행운도 행동하고, 간절하고, 돈을 투자할 줄 아는 사람을 좋아한다. 아무것도 하지 않으면 아무것도 바뀌지 않는다.

'하고 싶다'가 '해야 한다'를 넘어서야
행복한 세상이다

'하고 싶다'와 '해야 한다' 중, 우리가 어떤 것을 선택하느냐에 따라 삶에서의 행동이 달라진다. '하고 싶다'는 내 안에서 일어나는 내적 작용으로 마음 가는 대로 몸이 간다. 몸과 마음이 하나 되니 즐겁고 설렌다. 이것은 우리가 보통 놀이를 할 때 많이 느낄 수 있다. 아이들이 한참 컴퓨터 게임을 재미있게 하고 있는데 엄마가 밥 먹으라고 부르면 쉽게 끊을 수 없는 것도 이런 이유에서다. 몸과 마음이 하나 되어 몰입된 순간은 행복한 순간이다. 그래서 그 순간의 즐거움을 끊고 싶지 않다. 연애할 때도 이와 비슷하다. 사랑하는 사람을 만나면 설레고 좋아서 계속 같이 있고 싶어진다. 같이 있고 싶은 마음은 헤어짐을 아쉽게 만들고 빨리 또 보고 싶게 만든다. 하고 싶은 일은 주로 몸과 마음이 붙어 있다. 몸이 가는 곳에 마음도 함께하고 있어서 집중과 몰입이 쉽게 일어난다. 몸과 마음이 같이 있을 때, 사람은 비로소 주인으로서 삶을 누린다. 자신이 하면 즐거운 일을 놀이처럼 즐기는 사람이 주인으로 살아가는 사람이다. 그래서 하고 싶은 일을 하며 사는 것이 행복하다고 말하는 이유도 여기에 있다.

반면 '해야 한다'는 바깥에서 들어오는 외적 작용으로 마음 없이 몸만 간다. 몸과 마음이 따로 노니 힘들고 부담스럽다. 이것은 우리가 보통 하기 싫은 일을 할 때 느낄 수 있다. 직장을 언제 그만두겠다거나 옮기겠다고 마음먹은 사람은 그때부터 시간이 더디게 가는 것도 이런 이유에서다. 해야 한다는 의무감은 있지만, 몸과 마음이 따로 노니 집중이 안 된다. 그래서 빨리 그 시간이 지나가길 바라며 애꿎은 시계만 쳐다본다. 공부도 이와 비슷하다. 하기 싫은 공부를 억지로 하면 자꾸 딴생각만 나고 수업 시간이 졸린다. 하기 싫은 마음은 시간을 지루하게 하고 대상을 질리게 만든다. 하기 싫은 일을 하는 사람은 대개 몸과 마음이 떨어져 있다. 몸은 직장에 있는데 마음은 딴 곳에 가서 쉬거나 놀고 있다. 몸과 마음이 따로 떨어져 있으니 집중과 몰입은 나랑 상관없는 다른 세상 이야기처럼 들린다. 어떻게든 시간을 때우고 주어진 공간에서 벗어나고 싶은 노예들이 일에 임하는 자세다. 이처럼 '하고 싶다'와 '해야 한다'는 마음 차이는 행동의 차이로 나타난다.

우리는 하고 싶은 대로 살기를 원하지만, 동시에 해야 하는 의무를 안고 있을 때가 많다. 게다가 그중에는 피할 수 없는 하기 싫은 의무도 있기 마련이다. 그러면 하기 싫은 피할 수 없는 의무를 어떻게 대해야 할까? 옛말에 "피할 수 없으면 즐겨라"라고 했다. 이 방법은 어쩌면 하기 싫은 의무를 가장 현명하게 대처하는 방법일 수 있다. 피하고 싶은 마음은 하고 싶지 않은 마음이기에 그런 마음 상태에서는 몸과 마음이 분리된다. 몸과 마음이 분리되면 집중이 되지 않는다. 그래서 '피할 수 없으면 즐기라'는 말은 '몸과 마음을 일치시키라'는 뜻이다. 몸과 마음이 하나 되면 집중이 되고, 집중은 몰입을 낳고, 몰입은 시간을 잊게 한다. 때로는 그 안에서 뜻밖의 즐거움을 느낄 수도 있다. 부정에너지가 긍정에너지로 바뀌기 때문이다. 우리가 흔히 긍정적으로 생각한다는 말은 어떤 일을 그냥 좋게만 생각한다는 뜻이 아니다. 그것을 있는 그대로 받아들여 몸과 마음을 일치시킨다는 의미다. 몸과 마음을 일치시켜야 집중해서 앞으로 나아갈 수 있다.

　하기 싫은데 해야만 하는 경우, 하지 않기로 마음먹는 것도 하나의 선택이다. 다만 그것으로 인한 책임은 자신이 지겠다는 마음의 자세를 갖춰야 한다. 생각해보면 학교 다닐 때 선생님께서 숙제를 내주면 안 하고 몸으로 때우는 친구들이 있었다. 안 하겠다고 마음먹고 몸으로 책임지는 이들은 상황을 긍정할 줄 아는 행복한 친구들이었다. 책임을 지지 않으려 하는 마음은 부정이기 때문이다. 사람은 몸과 마음이 하나 될 때 행복을 느낀다. 피할 수 없으면 즐기든, 피하고 책임을 지든 어떤 쪽을 선택하든 좋다. 몸과 마음이 하나 되어 삶이 행복하다면 부정하며 사는 것보다 낮다. 강신주 박사는 《한 공기의 사랑, 아낌의 인문학》[27]에서 "몸과 마음 사이의 거리가 점점 줄어들면 우리는 주인으로서 삶을 영위하게 되는 것이고, 반대로 몸과 마음 사이의 거리가 점점 벌어지면 주인이 아니라 노예의 삶으로 떨어지고 있는 것이다"라고 말한다. 모든 행복은 몸과 마음이 같이 붙어 있을 때 찾아온다. 내가 주인으로 살 때 느낄 수 있다.

'하고 싶다'와 '해야 한다' 앞에 '잘'이라는 수식어가 붙으면 마음 작용도 이에 따라 달라진다. '잘하고 싶다'는 의욕을 끌어올리지만 '잘해야 한다'는 부담을 끌어올린다. 2020도쿄올림픽에서 대한민국 여자 배구팀은 초반에 잘해야 한다는 부담감에 시달렸다. 올림픽이라는 큰 무대에서 좋은 성적을 내야 한다는 부담감은 선수들의 몸을 굳게 만들었다. 잘해야 한다는 부담감은 몸을 얼어붙게 만들고 심하면 두려움을 몰고 온다. 반면 도미니카공화국과의 경기에서 김연경 선수가 큰 소리로 "해보자! 해보자! 후회 없이"라고 말한 장면은 대한민국 국민에게 깊은 인상을 안겨주었다. 김연경 선수의 잘하고 싶다는 간절한 마음이 느껴졌기 때문이다. 그때부터 선수들의 의욕은 그 어느 때보다도 불타올랐고, 결과도 3 대 2의 승리로 마무리되었다. 좋은 코칭은 해야 하는 것을 강조하는 것이 아니라 하고 싶은 마음을 갖게 하는 것이다. 마음속에서 하고 싶다는 내적 동기를 깨워야 스스로 행동하고 지속할 수 있다. 지금 우리 사회는 어떤

---

27 《한 공기의 사랑, 아낌의 인문학》, 한국교육방송공사(EBS), 강신주(2020).

두려움 너머 설렘의 꽃이 피다

모습일까? '해야 한다'를 강조하며 부담을 안겨주는 사회인지, '하고 싶다'를 응원하며 의욕을 북돋아주는 사회인지 묻고 싶다. '하고 싶다'가 '해야 한다'를 넘어서야 행복한 세상이다. '하고 싶다'는 주체적으로 행동하게 만들고, '해야 한다'는 의존적으로 행동하게 만들기 때문이다. 개개인이 하고 싶고, 잘하고 싶은 의욕이 넘치는 사회가 되어 설렘 가득한 대한민국이 되길 소망한다.

두려움을 설렘으로 바꾼 사례
– 마음속에 설렘의 태양은 삶을 행복하게 한다

세차 왕자

영국에 '맨체스터의 세차 왕자'라 불리는 유명한 15살 소년이 있다. 그의 이름은 '자이키아 디제트(Zykiah Ditchett)'로, 어릴 때부터 주위를 깨끗이 하는 데 집착하다가 '청소 강박 장애' 진단을 받았다. 그의 부모는 아들이 집안에서 온종일 청소만 해서 걱정이 컸다. 그러던 어느 해, 그의 부모는 그가 밖에 나가서 놀길 바라며 크리스마스 선물로 그가 원하는 세차 도구를 선물해줬다. 그런 후, 얼마 지나지 않아 자이키아의 삶에 놀라운 변화가 일어났다. 그는 친인척들에게 5파운드(약 8,000원)를 받고 세차를 해줬는데 매우 만족한 친인척들이 그것을 주변에 알리기 시작했다. 그의 집 앞은 문전성시를 이루었고 세차를 맡긴 사람들은 인증샷을 찍어

SNS에 마구 퍼 날랐다. 자이키아는 어떤 차든 가리지 않고 꼼꼼하게 세차를 했고, 아무리 더러워도 새 차처럼 만들어놓았다.

그 소문은 더 넓은 지역으로 퍼졌고 급기야는 자이키아가 좋아하던 축구 구단 '맨체스터 유나이티드' 선수들도 그에게 세차를 맡겼다. 축구선수뿐만 아니라 배우 등 수많은 셀럽이 그에게 세차를 맡겼다. 그러면서 그는 꿈이 생겼고, "언젠가 나만의 세차 회사를 정식으로 열고 싶어요"라고 자신의 꿈을 이야기한다. 청소 강박 장애를 지닌 '걱정거리'에서 유명인사들도 줄 서서 기다리게 하는 '세차 왕자'로 다시 태어난 그는 다른 사람이 아니다. 단지 자신의 재능을 발휘할 수 있는 일을 찾았을 뿐이다. 좋아하고 잘하는 일을 찾는 것은 마음속에 큰 설렘의 태양을 두는 것과 같다. 그럴 때 설렘은 커지고 두려움은 한없이 작아진다. 가슴 뛰고 설레는 일을 찾아보자. 일이 아니라 취미여도 좋다. 마음속 설렘의 태양이 크고 지속 가능할수록 삶은 더 행복하다.[28]

몸짱 가수

대한민국 가수 중 몸이 좋기로 소문난 사람이 있다. 그는 웬만한 운동선수 못지않은 몸매와 운동량을 자랑하며 해외여행을 가더라도 꼭 헬스

---

28 유튜브 '엠빅뉴스' - '맨체스터 세차의 왕자' 편

장이 어디 있는지부터 파악한다고 한다. 그는 바로, 가수 김종국이다. 그는 1990년대부터 지금까지 꾸준한 인기를 얻으며 방송 활동을 하고 있고, 운동 또한 꾸준히 열심히 하고 있다. 그가 운동을 시작한 데는 이유가 있다. 그는 허리가 휘는 척추측만증으로 인해 허리디스크를 앓고 있었다. 휘어진 허리를 잡아주기 위해서는 근육이 필요했고, 꾸준히 운동한 결과, 지금의 '몸짱 김종국'이 되었다. 그가 TV 프로그램 〈미운 우리 새끼〉에 출연해 운동하는 모습을 본 사람들은 깜짝 놀랐다. 웬만한 성인 여성 무게의 덤벨을 한 손으로 거뜬히 들어 올렸다가 내리기를 수차례 반복하는 모습은 마치 헐크를 연상케 했다. 그는 탈장으로 인해 수술을 받은 후 아직 회복되지 않은 상태에서도 운동할 정도로 운동중독이다.

하지만 그는 운동할 때 그 어느 때보다도 설레하고 심지어는 고통을 '신이 준 선물'이라고 표현한다. 근육은 고통 뒤에 찾아오는 선물이기 때문이다. 그가 집에 운동기구를 처음 들여놓고 설레는 마음으로 운동하는 모습은 세상 행복한 표정이었다. 그는 농담 반 진담 반으로 "통장에 돈이 줄어드는 것보다 근육이 줄어드는 것이 더 가슴 아프다"고 말할 정도로 근육 사랑이 대단하다. 그에게 운동은 설렘이고 행복이다. 그에게 마음속 설렘의 태양은 운동인 셈이다. 허리 통증은 그에게 두려움의 대상이었다. 하지만 운동이라는 강한 설렘의 태양이 그를 설레게 했고, 앞으로도 그를 행복하게 할 것이다.

배구 여제

세계 배구선수 중 남녀 통틀어 수년째 가장 실력 있고 인기 있는 대한민국 선수가 있다. 농구로 비유하자면, 농구 황제 마이클 조던과 견줄 만한 인물이다. 그녀가 가는 팀은 수많은 우승을 했고, 심지어는 리그 순위 최하위 팀마저도 정상으로 이끌었다. 그녀는 바로 배구 여제 김연경 선수다. 그녀는 초등학교 4학년 때 큰언니를 따라 체육관에 놀러 갔다가 배구를 시작했다. 그녀는 키가 작았고 그러다 보니 공격수가 되기 힘들었다. 심지어는 키 때문에 배구를 그만두려고까지 했다. 하지만 그녀는 포기하지 않았고, 자신의 상황을 긍정하며 대신 수비 훈련을 집중적으로 했다. 그리고 기적이 일어났다. 고등학교 때 무려 20cm 이상 키가 자라며 지금의 김연경 선수가 되었다. 그녀는 세계 최고 공격수지만 수비 또한 수비선수 못지않게 잘한다. 그녀가 키 때문에 좌절하지 않고 수비를 집중적으로 연습한 결과다. 그녀는 대한민국 최고 자리에 오른 뒤 만족하지 않고 일본으로 떠나 리그 최하위 팀을 우승으로 이끈다. 그 후 그녀는 거기서 멈추지 않고 다시 터키로 떠난다.

터키에서도 그녀는 실력을 입증했고, 팀을 우승으로 이끌었다. 그 결과, 외국인 선수임에도 불구하고 그녀는 팀 내 주장까지 맡게 된다. 그리고 세계 배구선수 중 남녀 통틀어 가장 높은 연봉을 받게 된다. 우리는 2020도쿄올림픽에서 그녀가 얼마나 대단한 선수인지 확인할 수 있었다.

각국 대표팀 주장들이 김연경 선수와 터키 시절 한 팀에서 뛰던 선수들이었는데, 그 팀의 주장이 바로 김연경 선수였다. 중학교 시절, 그녀에게 작은 키는 걸림돌이었고 두려움의 대상이었다. 하지만 그녀는 걸림돌을 디딤돌로 바꾸었다. 공격을 잘하는 선수들은 많지만, 수비까지 잘하는 선수는 드물다. 김연경 선수는 작았던 키 덕분에 오히려 최고의 선수가 될 수 있었다. 그녀에게 배구를 향한 사랑과 잘하고 싶은 설렘의 태양이 마음속 깊이 자리하고 있었기 때문이다. 내 마음속 설렘의 태양은 무엇인지 한번 생각해보자. 생각만으로도 설레고 가슴 벅찬 설렘의 태양이 당신 마음속에 자리하길 기원한다.

세계를 설레게 하는 한국
– '해봄'은 설렘을 낳는다

얼마 전, 한국 드라마 <오징어 게임>이 넷플릭스를 통해 전 세계 사람들을 설레게 했다. 넷플릭스가 정식으로 방영되는 모든 국가에서 <오징어 게임>이 시청률 1위를 차지했을 뿐만 아니라 드라마에서 나온 배우들과 게임들이 선풍적인 인기를 끌었다. 사실 그 누구도 이 드라마가 이렇게까지 인기를 끌 줄은 몰랐다. 이렇게까지 큰 인기를 얻는 비결이 뭘까? 우선 시기가 잘 맞았던 것 같다. 감독은 이미 10년 전에 시나리오를 썼지만, 시기가 아닌 것 같아서 제작을 미뤘다. 지금은 그때보다 훨씬 더 경쟁이 치열한 세상이 되었고, 양극화가 심해졌다. 드라마는 사람들에게 이 부분에서 많은 공감을 얻었다. 비슷한 사례로 봉준호 감독 영화 <기생충>이 있다. 이 영화 또한 자본주의 시대 양극화의 극단적인 면을 신랄하게 보여주며 세계적 인기를 끌었다. <기생충>은 아카데미 시상식 4관왕이라는 놀라운 성과를 달성했고, 이로 인해 대한민국은 문화 강국으로 한 발 더 도약했다. 하지만 〈오징어 게임〉의 인기는 단지 시대를 잘 만나서만은 아닌 듯하다. 그 안에는 잔인함 속에 숨겨진 설렘이 있었다. 드라마 속에는 여러 가지 게임들이 등장하는데, 사람들은 드라마를 보고 그 게임들을 따라 하기 시작했다. '무궁화 꽃이 피었습니다', '딱지치기', '뽑기' 등 한국의 놀이를 외국인들도 쉽게 따라 할 수 있었다. 직접 게임을 해봄으로써 그 안에 숨겨진 재미와 설렘이 그들을 행복하게 한 것이다.

'보는 것'과 '해보는 것'은 많은 차이가 난다. 보는 것은 잠깐이지만, 해보는 것은 오래 기억되기 때문이다. 연말이 되면 사람들은 새해를 맞이하러 전국 해돋이 명소로 일출을 보러 간다. 그냥 집에서 편히 볼 수도 있는데 왜 굳이 멀리까지 가서 일출을 보려고 하는 걸까? 그냥 집에서 일출을 보는 것은 일상과 별반 다르지 않다. 새로움이 없기에 별 감흥이 없다. 반면 고생하며 멀리까지 가서 일출을 보는 것은 그냥 보는 것이 아니라 해보는 것이다. 해보는 것은 경험이 되고 때로는 잊지 못할 멋진 추억이 된다.

가수 싸이가 〈강남스타일〉이라는 노래로 전 세계를 뒤흔든 적이 있다. 싸이는 이 노래 하나로 세계적인 스타가 되었고 그는 전 세계를 돌며 〈강남스타일〉을 불렀다. 물론 노래도 좋고 뮤직비디오도 재밌었지만, 무엇보다 '말춤'이 없었다면 그렇게까지 인기를 끌지는 못했을 것이다. 여기에도 직접 '해봄'이 있었다. 전 세계 사람들은 말춤을 따라 췄고, 그 안에서 재미와 즐거움을 느꼈다. 〈강남스타일〉 인기가 거의 시들었을 무렵 직장 동료들과 유럽 여행을 갔는데, 현지인이 우리에게 어디서 왔냐고 물었다. 그때 한 동료가 〈강남스타일〉을 아느냐고 반문하며 싸이의 말춤을 선보였다. 그랬더니 상대도 같이 말춤을 따라 추며 우리를 반겨줬다. 같은 것을 경험해본 추억 덕분이었다.

현재 '세계를 설레게 하는 한국인' 하면, 아이돌 그룹 방탄소년단(BTS)을 빼놓을 수 없다. 그들의 노래와 춤에는 멋과 흥, 그리고 감동이 있다. 그들은 '21세기 비틀즈'라고 불리며, 그들의 팬클럽 아미(Army)들은 BTS가 전 세계 어디를 가더라도 그들을 반긴다. 꼭 아미가 아니더라도 전 세계 많은 사람이 그들의 노래를 따라 부르고, 춤까지 멋지게 따라 춘다. 왜 사람들이 그들을 따라 할까? 한마디로 좋아서고, 그들과 하나가 되고 싶어서다. 행동을 따라 하면 동질감이 느껴지고, 너와 내가 하나 되어 우리가 된다. 그래서일까? 한국인은 '우리'라는 단어를 참으로 좋아하고, 습관처럼 사용한다. 우리 엄마, 우리 집, 우리 학교, 우리 팀, 우리나라 등등. 그뿐만 아니라 우리 선조들은 일할 때도 '우리'라는 공동체 정신을 잘 활용했다. 노동요를 불러가며 공동체 의식을 높였고, 일의 능률도 높였다. 이때 이용한 것이 바로 '흥'이다. 흥은 신기하게도 또 다른 흥을 낳는다. 가만히 팔짱만 끼고 구경하던 사람들도 흥에 취하면 자신도 모르게 어깨춤을 들썩인다. 2002년 한·일 월드컵은 대한민국의 흥을 전 세계에 알리는 계기가 되었다. 그리고 지금은 그 중심에 BTS가 있다.

최근 한국 문화가 인기가 높아지면서 한국어를 배우고, 한국에 방문하고 싶어 하는 외국인들이 부쩍 늘었다. 그들의 '한국 방문해봄'의 소망이 삶에 설렘이 되고, 언젠가는 그 소망이 이뤄지길 기원한다. 그리고 한국이 지구촌에 더 많은 설렘과 더 많은 행복을 전해주길 소망한다.

나는 수증기가 되고 싶다

책을 쓰는 동안 매일같이 책상에 앉아 글을 쓰기 전 혼자서 되뇌었다. '내가 쓰는 이 글이 누군가의 삶에 설렘과 행복을 찾는 데 도움이 되게 하소서!' 이렇게 매일같이 되뇌며 글을 쓴 이유는 크게 두 가지다.

첫째는 나 자신이 길을 잃지 않고 제대로 된 방향으로 글을 쓰기 위함이었다. 마치 북극성을 보고 방향을 잃지 않는 것처럼 이 문장은 내가 글을 쓰는 방향을 잃지 않게 해주었다. 그리고 방향을 잃지 않았기 때문에 그만큼 시간과 에너지를 낭비하지 않을 수 있었다. 두 번째 이유는 이 문장을 되뇌면서 내 안에서 문장대로 되었으면 하는 마음의 정성을 쌓기 위함이었다. 본문에서 말한 것처럼 '맘공'의 실천이었다. 4차 산업혁명, 코로나19로 인해 삶이 불안하고 두려움이 커진 이 시기에 누군가가 내 글을 읽고 두려움을 설렘으로 바꿔가길 희망하는 마음을 담았다.

'맘공'을 실천하면서 매일같이 몸으로 글을 쓰는 '몸공'도 잊지 않았다. 하루 중 일하면서, 운전하면서, 산책하면서, 책을 읽으면서, 강의를 들으면서, 대화하면서 등등. 책 쓰기와 관련된 가능한 한 모든 것을 메모해두었다가 글을 썼다. 자다가도 깨서 생각나는 것들을 최대한 메모했다. 지금 불현듯 스치는 생각을 놓치면 생각이 휘발되어 영원히 기억하지 못할 것 같아서였다. 몸공의 실천은 게을러질 수 있는 마음의 여지를 차단하는 데 도움이 되었다. 맘공과 몸공으로 인해 점차 '할 수 있을까?' 하는 의심의 두려움은 '할 수 있겠다'라는 설렘의 기쁨으로 바뀌었다. '할 수 있을까?'라는 의문과 의심의 화살을 걷어내고 '할 수 있겠다'라는 의지와 의견을 심장에 품는 순간, 세상은 두려움의 바다에서 설렘의 향연으로 바뀐다. 나에게 다가오는 일이 모두 억지로 해야 하는 숙제나 과제가 아니라 언제 직면해도 해보고 싶은 축제나 화제가 되는 삶이 바로 설렘으로 충만한 삶이다.

글을 쓰면서 그동안 살아온 인생을 돌아보며 많은 감정이 올라왔다. 후회도 많았고 아쉬움도 많이 느껴졌다. 반면 내가 지금껏 살아오는 데 도움을 줬던 수많은 사람에게 감사했고, 삶을 지탱하게 해준 소망과 설렘이 있어 감사했다. 책을 쓴다는 소망도 그중 하나였다. 책을 쓰면서 내 삶은 설렘으로 가득 찼고 주변 사람들도 어느새 그걸 느꼈다. 어린 시절 나는 두려움이 많았고, 위축되어 있었다. 마치 얼음 상태 같았다. 그때 나는 물이 되고 싶었다. 자유롭게 흐르며 누군가에게 도움이 되는 사람이 되고 싶었다. 다행히 사회생활을 하면서 나는 물처럼 흘러 다녔다. 그리고 지금은 수증기가 되는 꿈을 꾼다. 세상의 모든 물이 세상에서 가장 낮은 바다로 모여 가장 높은 곳으로 올라 수증기가 되는 것처럼, 언제나 자세를 낮추고 배우면서 비상하는 꿈을 꾼다. 세상의 가장 낮은 곳으로 언제든 달려가 배움의 끈을 놓지 않고 세상의 모든 사물과 사람을 스승으로 대하려는 자세와 노력은 중요하다. 가장 높은 곳으로 올라간 수증기라고 할지라도 언제든 다시 세상의 가장 낮은 곳으로 하강하며 비로 변신하는 선순환의 흐름을 즐길 때, 수증기는 어제와 다르게 자기 변화를 하며 세상에 도움이 된다.

지금보다 더 자유롭게, 지금보다 더 넓은 세상을 날아다니며, 지금보다 더 높은 시선에서 누군가에게 도움이 되는 꿈을 꾼다. 생각해보니 얼음이 물이 되고, 물이 수증기가 되기 위해서는 태양이 필요했다. 내 삶에서의 태양은 바로 소망이었고, 소망을 이루고 싶은 마음에서 오는 설렘이었다. 물론 소망 안에는 항상 반갑지 않은 두려움도 함께 존재했다. 두려움은 나를 망설이게 하고 얼어붙게 했다. 하지만 하고 싶다는 소망은 얼어 있던 나를 서서히 녹였고, 설렘으로부터 나오는 열정은 나를 더 높은 시선으로 꿈을 꾸게 했다. 수많은 수증기가 모여 구름이 되듯 내 삶의 흔적이 모여 한 권의 책이 되었다. 이제 구름이 비를 뿌려 대지를 적시듯, 이 책이 누군가의 목마름을 적시면 좋겠다. 두려워서 망설이는 사람들에게 삶에 설렘을 찾고 행복을 찾는 데 도움이 되었으면 하는 바람이다.

두려움 너머
설렘의 꽃이 피다

제1판 1쇄 2022년 5월 27일

지은이 김학수
펴낸이 서정희   **펴낸곳** 매경출판㈜
기획제작 ㈜두드림미디어
책임편집 최윤경   **디자인** 김진나(nah1052@naver.com)
마케팅 김익겸, 이진희, 장하라

매경출판㈜
등록 2003년 4월 24일(No. 2-3759)
주소 (04557) 서울시 중구 충무로 2(필동 1가) 매일경제 별관 2층 매경출판㈜
홈페이지 www.mkbook.co.kr
전 화 02)333-3577
이메일 dodreamedia@naver.com(원고 투고 및 출판 관련 문의)
인쇄·제본 ㈜M-print 031)8071-0961

ISBN 979-11-6484-410-4 (03190)

**책 내용에 관한 궁금증은 표지 앞날개에 있는 저자의 이메일이나
저자의 각종 SNS 연락처로 문의해주시길 바랍니다.**